台所の相談室

飛田和緒

はじめに

お料理についての相談事に答えていくダスキンの『喜びのタネまき新聞』の連載が一冊にまとまりました。

最初にお話をいただいたときには、料理学校へ行ったことがなく、専門的な勉強もしていない、料理家のアシスタントにもついたことがない、自分のやり方で仕事をしてきた私が読者のみなさまにアドバイスできるものかと悩みました。

ですが、もう還暦間近ですしね。自分の台所をもって40数年たちました。主婦歴も長くなりましたし、仕事の上で学んだこともたくさん積み重なってきましたから、そこから読者のみなさまにお伝えできることがあればよいなと、大袈裟にいうと腹をくくりまして、どんとこいの気持ちでやることにいたしました。何よりみなさまから届く質問が本当に真剣に料理に向き合っていることがひしひしと伝わってきて、答えずにはおれなかったんです。私にもよくあるからわかりますが、あまりに真っ直ぐにつき進むことで普段は気がつくことも通り越してしまうことがあったり。いわれてみれば……と笑ってしまうことも。そういうことかとしみじみ納得することもありました。みなさまのおかげで私は、毎日が目から鱗の日々。そしてもう一度その味に挑戦したり、作り直してみたり、アレンジしてみたりしながら、日々の食卓は豊かになっていくように思いました。

お仕事の依頼をうけた頃、ダスキンのスポンジは私の台所仕事に欠かせない存在になるほど大事なアイテムでしたので、そのダスキンさんからお仕事きたーっと、とてもうれしく「はい、ぜひやらせてください」と即答。あれから5年、年に数度大阪から3人のスタッフが新幹線や飛行機を乗り継いで遠いわが家までいらしてくださり、大阪の食文化のお話をたっぷり、ときには恋の話もしたりしながら、楽しい撮影をしてきました。作った料理を味わっていただきながら、相談にお答えし、そのお話を聞いていただく。相談内容はもちろん、みなさまの日々の台所仕事を励ます気持ちも込めてお答えしてきました。ときにはヘンテコな答えになっているかもしれませんが、私なりの考えのもと、お答えしていますので、おもしろがって読んでいただけたらうれしいです。

2024　早春　みそ仕込みをしながら

飛田和緒

目次

料理の前に

＊計量の単位は、大さじ1＝15mℓ、小さじ１＝５mℓ、１カップ＝200mℓ、１合＝180mℓを表します。

＊調味料は普段使っているお好みのものを使用してください。本書では、塩は自然塩、砂糖は特に表記のない限り精製していないもの、しょうゆとみりんは昔ながらの本醸造のもの、酒は料理酒ではなく普通に飲んでいるもの、みそは自家製を使用しています。

＊油は特に表記のない限り、お好みのものをお使いください。本書では特に表記のない場合、米油を使用しています。

＊だし汁は特に表記のない場合はお好みのもの、または昆布とかつお節でとっただしをお使いください。

＊火加減は特に表記のない場合、中火を表します。

＊野菜の皮やへた、種などは表記のない場合は、むいたり、取り除いていることを前提にしています。

＊卵はLサイズを使用しています。

＊電子レンジは500Wのものを使用しています。調理時間はレシピを目安にご使用のW数に合わせて調整してください。

＊フライパンはフッ素樹脂加工のものを使用しています。

「ハレの日のこと」

STAFF
ブックデザイン　若山嘉代子 L'espace
撮影　島田勇子（スタジオスヤスヤ）
校正　麦秋アートセンター
編集　赤澤かおり
企画　株式会社ダスキン 河合聡子
喜びのタネまき新聞　https://www.duskin.co.jp/tanemaki/

「日々のこと」

【お悩み】
『喜びのタネまき新聞』創刊50周年を記念し、編集室からのリクエストです！
新聞のタイトルにちなんで、いろいろな「タネ」を使ったレシピを教えてください！

タネにちなんだレシピを教えてください。

もやしは口にも、お財布にもやさしいアレンジ自在の万能選手です。

タネにちなんだレシピということで、もやしを使った簡単な料理を。もやしは、穀類や豆類の種子を人工的に発芽させた新芽で、ほぼ種に近い野菜。昔から変わらぬ味とお値段で、家庭料理の強い味方であり続けてきました。

わが家では、家族が争って食べるほどもやしが大人気。ひとり1袋、さらにもう少し量を増やして作っても、あっという間にお皿が空になるくらい大好物です。

もやし自体が淡泊だから調味料を選ばず、アレンジしやすいのがいい。シャクシャクッと歯ざわりよく仕上げてもよし、くったりとやわらかく仕上げてもおいしいです。最近は生で食べることも！　汁麺のトッピングに生のもやしをのせ、上から熱々のスープをかけて食べたり、生春巻きの具として生もやしを入れたりすることもよくやること。毎日食べても飽きないところも魅力的です。

さっと使える食材ですが、ヒゲ根取りだけは忘れずにしてください。ヒゲ根はくさみのもと。ヒゲ根取りをしっかりしたもやしはごちそうに変身します。

身近な食材ほど、ほんの少し手間をかけてあげることで、おいしさが何倍にもアップします。

もやしのナムル

材料（2人分）
もやし　1袋（約200g）
にんにく　½片
白いりごま　適量
赤唐辛子（小口切り）　適量
A
　塩　小さじ⅓
　ナンプラー、または薄口しょうゆ　少々
　ごま油　大さじ1と½

作り方

❶　もやしはヒゲ根を取り、耐熱皿に厚手のペーパータオルを敷いてのせ、ふんわりとラップをかけて電子レンジで5分ほど加熱する。粗熱が取れたら電子レンジの中から取り出し、ラップをはずす。

❷　ボウルの底ににんにくの切り口をこすりつけ、にんにくの風味をつける。

❸　②のボウルに①のもやし、白ごま、赤唐辛子、Aを合わせて加え、手でよく和える。

★　手順②でボウルにこすりつけた後のにんにくは、別の料理でお使いください。

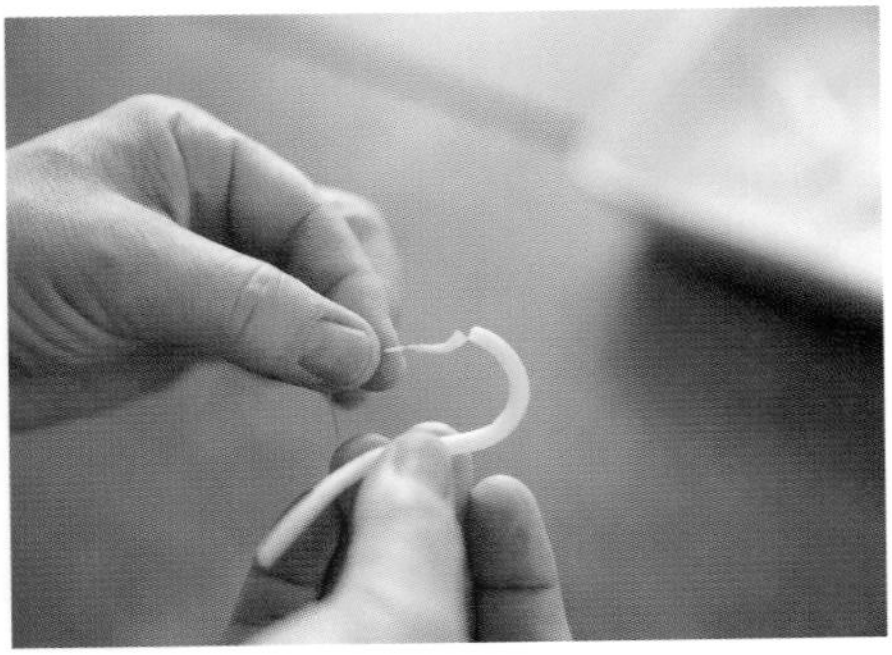

【ひとてま】
もやしは日持ちしないので、食べる日に買うようにしています。どうしても食べられないときにはヒゲ根を取り、水に浸して冷蔵庫に入れておくと2日ほどはいい状態で保存できます。
和えものの場合は、ゆでるよりも電子レンジで加熱するほうがおすすめ。水けが出ず、しっかり味が入ります。

【お悩み】
私はポテトサラダがどうしても上手に作れません。
普通に作っているつもりなのですが、家族からの反応もいまいちです。
どうすれば、おいしく作れますか？　コツがあれば教えてください。
（兵庫県・女性）

どうしてもポテトサラダがおいしく作れません。コツを教えてください。

じゃがいものゆで方、合わせる素材など、こだわりポイントはいろいろあります。

まずトライしてみてほしいのは、ゆでたじゃがいもが熱いうちに下味をつけること。そうすることで、マヨネーズの味がよくのります。

それから、じゃがいもの種類や加熱の仕方によって、しっとりするかホクホクになるかでき上がりが違ってきますので、いろいろ試して好みの品種をみつけましょう。

新じゃがを使う場合は水けがやや多いので、しっかり水分をとばすことがポイントです。

じゃがいもの加熱の仕方によっても仕上がりはそれぞれ変わってきます。皮をむいて切り、ゆでる。皮つきのままゆで、ゆで上がったら皮をむいてつぶす。蒸し器で蒸す。電子レンジで火を通すなど、さまざま。いろいろ試してご自身のやりやすい方法、好みの仕上がりを探ってみてください。

定番から脱した具材を使ってみるのもおすすめ。このレシピではきゅうりの代わりに、生のピーマンを細切りにして加えています。きゅうりは、すぐに食べる場合はいいのですが、水分が出て水っぽくなりやすいので、少し多めに作りおきしておく場合は避けるようにしています。その点、ピーマンは香りもいいですし、いい意味での青くささがポテトサラダともよく合います。

ポテトサラダは誰もが知っているシンプルな料理ですが、意外とコツは盛りだくさん。あれこれ試してご自身の味を見出してみてくださいね。

ポテトサラダ

材料（2人分）

じゃがいも　4個（約400g）
ピーマン　1個
ゆで卵　2個
ロースハム（スライス）　2枚
玉ネギ　1/6個（約30g）
A
｜砂糖・酢　各大さじ2
｜塩　小さじ1/4
マヨネーズ　約大さじ3

作り方

1　じゃがいもはひと口大に切る。鍋に入れ、かぶるくらい水を注いでやわらかくなるまでゆでる。ゆで汁をすて、火にかけて粉ふきいもを作る要領で水分をとばし、火を止める。

2　ピーマンは縦3〜4等分に切って種とワタを除いて横に細切りにする。ゆで卵は縦4等分に切り、ハムは半分に切ってから細切りにする。玉ネギは薄切りにする。

3　Aは混ぜ合わせ、甘酢を作る。

4　じゃがいもが熱いうちに③を大さじ1〜2加える。じゃがいもをつぶしながら玉ネギを加えて混ぜ合わせ、粗熱が取れるまでおく。

5　④にピーマン、ゆで卵、ハムを合わせ入れ、マヨネーズを加えて和える。

★ このレシピではしっとり仕上がるじゃがいものゆで方で作っています。

【ひとてま】
コツは、じゃがいもが熱いうちに甘酢と玉ネギを合わせて混ぜ合わせること。下味をつけることで、仕上げのマヨネーズの味がぐっとのります。玉ネギはじゃがいもが熱いうちに合わせることでしんなりとし、甘酢の効果で辛みが取れます。
甘酢の代わりに市販のすし酢やフレンチドレッシングなどで和えてもいいです。

【お悩み】
夫が「バターやジャムのトーストには、もう飽きた」といい、食べてくれません。
でも朝から何品も作れる自信もありませんし、手軽に食べられるパンが私は好きです。
家にあるものでサッとできて、かつ、おなかも満足できるレシピはありませんか？
（新潟県・女性）

家にあるものでさっとできるおなかも満足のパンの朝食を教えてください。

フレンチトーストは塩味に。油揚げの新感覚トーストもおすすめ。

トーストに飽きるって、よーくわかります。私もそう。特にご飯派の私はトーストに興味がなかったのですが、娘がパン好きなので、あの手この手で、毎朝のパンの献立を考えるようになりました。おかずは、パンをトーストする間にできるものが基本。目玉焼き、卵焼き、スクランブルエッグ、ベーコンやソーセージを焼いて、野菜を切るくらい。ハムなら冷蔵庫から出せばいいだけなので、登場回数も多めです。

でもその組み合わせも飽きてきた頃、冷蔵庫を見まわしてはっと気がついたのが、油揚げ。カリッと香ばしく焼いた油揚げを、バターやしょうゆ、マヨネーズとともに、パンにのせてトーストしてみてください。さらにチーズをのせて焼いても合いますよ。ハムエッグならぬ油揚げエッグにするのもおすすめです。最後に貝割れ菜をのせれば、辛みがアクセントになるので、試してみてくださいね。

また、わが家では、朝から甘いものは食べたくないという夫のために、塩味のフレンチトーストを焼きます。前日から卵液に浸けておけば、しっかりと卵液を含みますから、朝は焼くだけ。焼いている間にコーヒーをゆっくりと淹れて、朝ごはんの時間を楽しみましょう。

甘くないフレンチトースト

材料（2人分）

バゲット　½本
卵　1個
牛乳　1と½カップ
塩　ふたつまみ
オリーブオイル　小さじ2

作り方

❶　バゲットは3㎝幅ほどに切る。

❷　バットに卵を溶き入れ、牛乳と塩を加えて混ぜる。①を並べ入れてラップをし、上下をときどき返しながらバゲットにしっかり卵液が染みるまで1時間ほど冷蔵庫でおく。

❸　フライパンにオリーブオイルを熱し、②を並べ入れて両面をこんがり焼く。

★　バターで焼いてもおいしい。

★　焼き上がりに粉チーズをふるのもおすすめ。

★　前日から卵液に浸けておくと翌朝がラクチンです。

焼き油揚げチーズトースト

材料（2人分）

食パン　2枚
油揚げ　1枚
溶けるチーズ　約40g
バター・マヨネーズ　各適量
しょうゆ　少々
貝割れ菜　適量

作り方

❶　フライパンに油をひかずに油揚げを入れ、両面に焼き色がつくまで焼いて細切りにする。

❷　パンにバターとマヨネーズを好みの感じにぬり、ほんの少ししょうゆをたらす。油揚げとチーズをのせ、トースターでチーズが溶けるまで焼く。

❸　貝割れ菜を食べやすく切り、②がアツアツのうちにのせる。

【ひとこと】

フレンチトーストはじっくり、こんがりと両面を焼くこと。卵液をパンの中心までしっかりと染み込ませておけば、外はカリッと中はふんわり仕上がります。ふたをすれば全体的にふっくら焼けますし、ふたなしならカリッとした焼き面になります。その日の気分で選んでくださいね。

【お悩み】
『喜びのタネまき新聞』創刊50周年を記念した編集室からのリクエスト第2弾！
新聞のタイトルにちなんで、いろいろな「タネ」を使ったレシピを教えてください！

タネにちなんだレシピをもうひとつ教えてください。

白ごま、黒ごま、それぞれの風味の違いを堪能して。

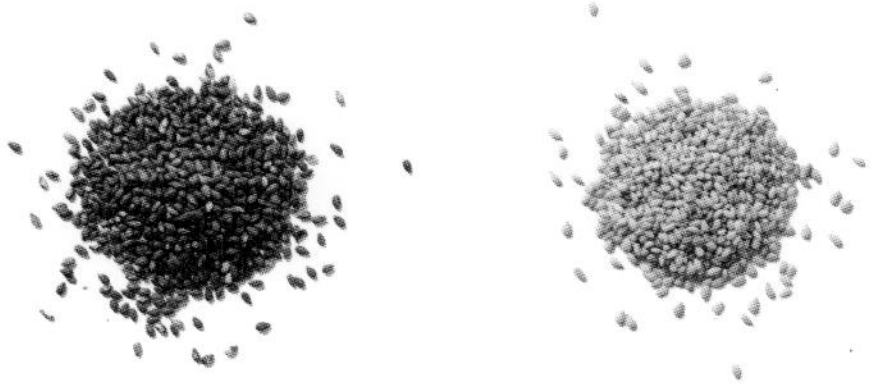

タネについてのレシピ第2弾のテーマはごまです。ごまは、ゴマ科の植物の種子。あの小さな粒々の種子の収穫や加工は大変な作業と想像します。そう考えるととても貴重な食材。大事に使いたいところですが、身近で親しみのある食材ゆえ、わが家の家庭料理には欠かせないもの。毎日、結構な量を消費しております。

一般的に知られる白ごまは、風味がやさしくどんな料理にも合う万能選手。反対に黒ごまは独特な個性の強い味と香りで、ガツンとごまを生かしたい料理におすすめです。最近スーパーなどでも見かけるようになった金ごまは、黄金色をしていることから金ごまと呼ばれるようになった、旨みやコクが強いもの。白、黒、金と、いずれも種子の皮の色で分けられています。

わが家は、ごまが大好き。食卓に小さなすり鉢をおき、各自ですってご飯や野菜にかけたり、おみそ汁に入れたり。魚や肉にごまをつけて揚げたり、ごまだれで肉を焼いたりと、毎日何かしらの料理にごまが入ります。そんなわけで、ごま用の調理道具は手に取りやすい場所にスタンバイしています。

今回のレシピは、白ごまと黒ごまを使った2品。それぞれの風味を楽しんでください。

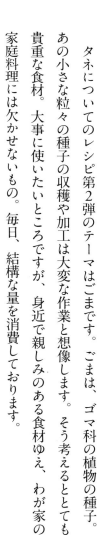

きゅうりのごま酢和え

材料（2人分）

きゅうり　2本

塩　きゅうりの重量の約2％分

A

- 酢　大さじ1と½
- 砂糖　小さじ2〜3
- 白すりごま　大さじ1

作り方

1　きゅうりは小口切りにし、塩をまぶしてしんなりするまで10分ほどおく。

2　①の水けを軽くしぼり、Aを合わせて加え、和える。

さやいんげんのごま和え

材料（2人分）

さやいんげん　100g

黒すりごま　大さじ1と½

A

- 砂糖・しょうゆ　各小さじ½

塩　適量

作り方

1　さやいんげんは沸騰した湯に塩を加えて好みの加減にゆでる（やや、やわらかめにゆでたほうが、筋がキュッと鳴らずにやさしい口当たりになる）。さっと冷水にとり、節目に沿って半分に裂いて3等分ほどの長さに切る。

2　黒ごまにAを加えて混ぜる。

3　①の水けを軽くきり、②と和える。

【ひとてま】

ごまはいりごまとして売られていることが多いですが、調理の際にいってからすったり、ふりかけたりすると香ばしさが際立ちます。いりたてをすり鉢ですれば、完璧！　それだけでごまの風味がより一層引き立ち、ごちそうになります。和えるのは食べる直前が理想的です。

【お悩み】

だしとみその黄金比や、普段のおみそ汁がもっとおいしくなる「ひとてま」を教えてください。

(茨城県・女性)


なすのおみそ汁が好きなのですが、いつも色が黒くなってしまいます。

きれいに仕上げるコツはありますか?

(高知県・女性)

おみそ汁がもっとおいしくなるコツ、ひとてまを教えて!

旬の食材や余っている野菜は、気軽にみそ汁に加えてみて。

わが家ではおみそ汁の具材は決め込まず、冷蔵庫にあるものや、常備している野菜で作っています。

夏は、旬のトマトや枝豆、とうもろこしなどを使ってみるのはいかがですか？　トマトはさっぱりした後味になり、枝豆は昨晩のビールのおつまみの残りなどで十分。さやごとだしに入れて温めたら、みそを溶き入れます。そして、さやに含んだだしをチュッと吸いながら、中の豆を食べるんです。とうもろこしは芯がついたまま、ひと口大に切って加えています。どちらも甘みがあって、みそとよく合います。夏の野菜は火の通りが早いから、さっと煮えて、おみそ汁が手早くでき上がりますね。

お悩みのなすの対策ですが、思いきって皮をむいたり、電子レンジで加熱してから具として加えると、なすの色や汁が黒くなりません。皮はきんぴらにすると、乙な一品になりますので、ぜひ試してみてください。

だしの作り方は「ひとてま」でご紹介している通り、水出しで十分。野菜の旨みが溶け出しただしなら、みそは控えめに。顆粒のだしの素やだしパックには塩分がありますので、まずはだしの塩味を確認してから、みそを溶くといいでしょう。

トマトのおみそ汁

材料（2人分）

トマト　１個
みょうが　½個
だし　２カップ
みそ　大さじ１〜２

作り方

❶　トマトはざく切り、みょうがは小口切りにする。
❷　鍋にだしを入れて温め、トマトを加えてひと煮する。みそを溶き入れて火を止める。
❸　お椀によそい、みょうがをあしらう。

なすのおみそ汁

材料（2人分）

なす　２本
だし　２カップ
みそ　大さじ１〜２
おろししょうが　少々

作り方

❶　なすは皮をむいてひと口大に切る。
❷　鍋になすとだしを入れ、火にかける。なすがやわらかく煮えたらみそを溶き入れ、火を止める。
❸　お椀によそい、しょうがをあしらう。

【ひとてま】
かつお節や昆布、いりこなどをポットに入れて水を注いで2〜3時間もおけば、水出しのおいしいだしが完成します。写真はかつおの厚削りと昆布でとったもの。寝る前に冷蔵庫に入れておけば、翌日の朝食時にすぐ使えます。
水出し後の昆布などは鍋に入れて新たな水を加えて煮出し、とことん使いきりましょう。

【お悩み】

子どもが巣立ち、夫とふたり暮らし。

最初は、ついクセでたくさん作ることもありましたが。ふたりだけだとそんなに食べられません。

夫は「おかずの数が多いとうれしい」といいますが、食材をいっぱい買うと余るだけ。

ひとつの食材から何品か作る方法はありますか？

（宮崎県・女性）

食材を余らせず、ひとつの食材で何品か作るアイデアはありますか？

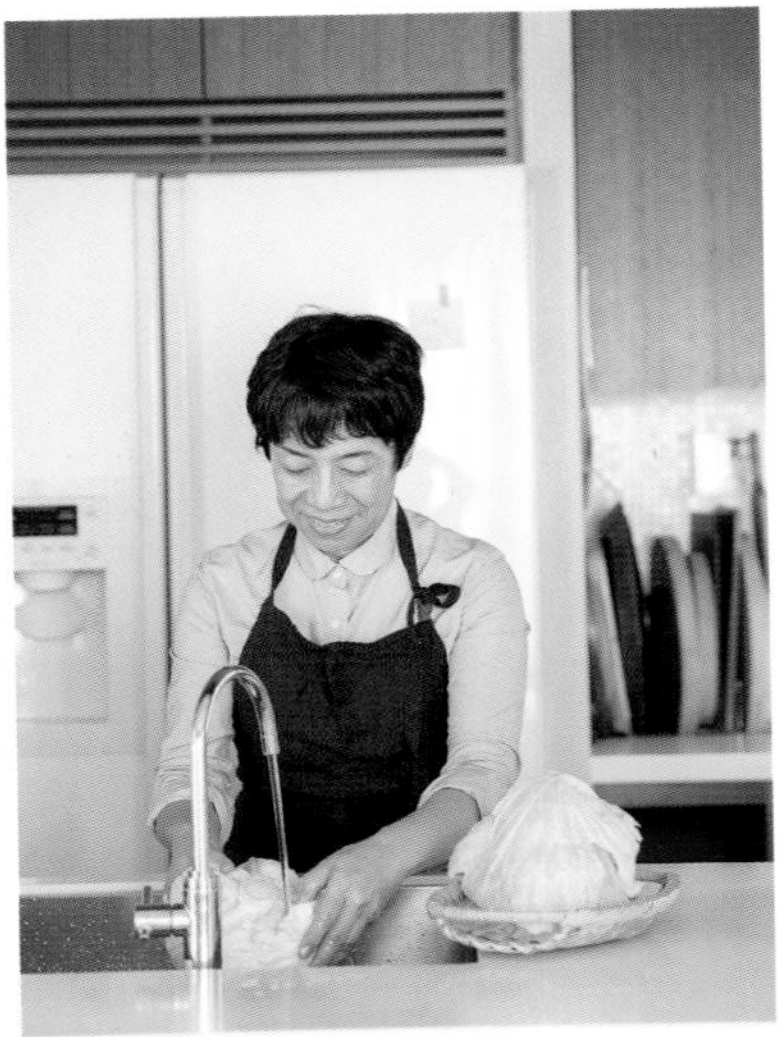

例えば、かための外葉とやわらかな内葉といった、それぞれのおいしさを生かして料理を作ります。

確かに食材を買いそろえるのは大変ですよね。案外、冷蔵庫にいろいろあると何を作ろうかと迷ってしまうことも多いもの。素材をひとつ、ふたつにしぼって、そこから何ができるかを工夫したほうが、料理を作るのが楽しくなるように思います。
例えば、丸ごと1個のキャベツから2〜3品を作るのはいかがでしょう。かための外葉はロールキャベツに、内側のやわらかな葉はコールスローサラダや浅漬けなどに。時間があるとき、一度に作っておけば数日はおかずに困りません。
ロールキャベツはブロックベーコンを具にして包み、煮込むだけ。肉だねの下ごしらえがない分、手軽で、時間にも気持ちにも余裕ができます。煮くずれしないように鍋に隙間なく詰めたら、とろとろになるくらいまでしっかり煮込むのがおいしく作るコツ。キャベツの芯からもいいだしが出るので、味つけはシンプルに。最初からスープの素などは入れずに、キャベツとベーコンの旨みを引き出してから、味をととのえてください。
コールスローサラダは、やや太めのせん切りでOK。もちろん、スライサーなどの便利な道具を使ってもいいです。多めに作って冷蔵庫で保存しておけば、サンドイッチの具に、朝食の卵料理のつけ合わせにと、いろいろ活躍してくれます。

コールスローサラダ

材料（2〜3人分）
キャベツ（せん切り）　約⅓個分
にんじん（せん切り）　½本分
紫玉ネギ（薄切り）　⅛個分
塩　適量
ロースハム（細切り）　2〜3枚分
コーン缶（ホール）　60g
レモン汁　½個分
こしょう　少々
オリーブオイル　大さじ2〜3

作り方
❶　キャベツ、にんじん、紫玉ネギは塩を軽くふってもみ、15分ほどおく。
❷　①の水けを軽くしぼり、ハム、缶汁をきったコーン、レモン汁、こしょうを加えて和え、オリーブオイルをまわしかけて混ぜる。
＊　塩はキャベツとにんじんを合わせた重さの2％が目安です。

ベーコンのロールキャベツ

材料（2〜3人分）
キャベツの外葉　12枚
ブロックベーコン　20g×6個
昆布だし　1と½〜2カップ
塩　適量

作り方
❶　キャベツの葉をやぶれないようにはがす。沸騰した湯で1枚ずつていねいにゆでる。
❷　①の葉の芯の部分を切り取り、2枚ずつ重ねる。ベーコンと切り取った芯をのせて、両端を包み込みながらきつめに巻く。
❸　鍋に巻き終わりを下にして隙間なく並べる。隙間があったら残りのキャベツの芯を入れ、昆布だしを注ぎ入れて火にかける。煮立ったら弱火にしてふたをし、40分ほど煮る。味をみて足りなければ塩でととのえる。

【ひとてま】

キャベツは芯の周辺に切り込みを入れ、葉と葉の間に水を流せば、水の重みで葉をやぶかずにはがせます。葉が入り組んでいてはがれない場合は、大胆に丸ごとゆでるのも一手。ただ、内側の葉にも火が通るので、ロールキャベツにしない部分はからし和えやごま和え、梅和えなどといった和えものにします。

【お悩み】

わが家の夏の副菜といえば、冷ややっこですが、毎回ネギとしょうがばかりを組み合わせてしまいます。

飽きることなく食べられる「変わり種冷ややっこ」のレシピを教えてください。

（三重県・女性）

飽きずに食べられる、冷ややっこの新しい組み合わせを教えてください。

合わせる食材を工夫すれば、食べごたえのあるメインにもなります！

豆腐に香りのいい薬味をのせて、しょうゆをかけていただく冷ややっこは、毎日でも食べたい副菜です。しかし、同じ薬味ばかりでは、作る本人も飽き飽きし、家族からも「またやっこ！」と、いわれることも。

そんなときは、薬味や調味料にひと工夫をします。例えば、長ネギの切り方を薄い小口切り、白髪ネギ、みじん切りと変化をつけるだけで、食感がまったく変わり、味わいにも違いが感じられます。

調味料は、定番のしょうゆをだししょうゆに替えたり、塩をふったり、みそと薬味を和えてからのせてもおいしいです。すだちやかぼすなどの柑橘類を搾れば、爽やかな味わいに。ご紹介したレシピではごま油を加えていますが、オリーブオイルもよく合います。

わが家では、やっこはサラダ感覚。油で香ばしく炒めたじゃこやベーコン、細切りにしたハムやちくわ、搾菜《ザーサイ》、梅干しなど、旨みや酸味のある食材と合わせると、家族が喜んで食べてくれます。しゃぶしゃぶした肉を添えれば、メインのおかずにもなりますよ。

冷たいものをとりがちな夏は、あえて豆腐を温めるのもおすすめ。熱を加えるとクリーミーな舌ざわりになり、のどにつるんと入っていきます。食欲が落ちているようなときには、ぜひ温やっこをどうぞ。

変わり冷ややっこ

材料（2人分）
豆腐（絹、木綿どちらでも）　1丁
A
長ネギ（みじん切り）　10cm分
塩　ふたつまみ
粗びき黒こしょう　適量
ごま油　大さじ1

作り方
❶　豆腐は軽く水きりする。
❷　Aは混ぜ合わせて10分ほどおき、味をなじませる。
❸　食べる直前に器に豆腐を盛り、②をのせる。

たらこ温やっこ

材料（2人分）
豆腐（絹、木綿どちらでも）　1丁
たらこ　½腹
あさつき、または小ネギ（小口切り）　適量

作り方
❶　豆腐は湯の中に入れ、静かに温める。
❷　たらこは薄皮をはずして軽くほぐす。
❸　①を厚手のペーパータオルにのせ、軽く水けをきって器に盛りつける。②とあさつき、または小ネギをあしらう。
＊ 好みでオリーブオイルをかけても。

【ひとてま】
冷ややっこをおいしくする基本は、水きりをすること。豆腐はパックから出して直接器に盛ると水がにじみ出てきます。そこにしょうゆをかけると、さらに水分が出てくるので、しょうゆの味は薄くなり、豆腐もぼやけた味に。まずは、ざるや厚手のペーパータオルにのせて、5〜10分水きりをしてから器に移し、薬味や調味料を合わせましょう。

【お悩み】

最近、お庭で子どもとお弁当を食べるのが、わが家のブーム。いつもおむすびばかりなので、たまにはパンも……と思うのですが、サンドイッチは手間がかかるのでなかなかできません。簡単、かつ、おなかいっぱいになるサンドイッチはありませんか。

（石川県・女性）

手間がかからず、おなかいっぱいになるサンドイッチを教えてください。

卵とパンさえあればＯＫ！味も、食べごたえも、満点です。

はやりのだし巻きサンドはいかがでしょう。卵と食パンの買いおきさえあればすぐにできて、味とボリュームに満足いただけるサンドイッチです。

味のポイントは、だし入りの卵焼き。かつおだしや昆布だしの和の味に、バターやマヨネーズ、マスタードなど洋風の調味料を組み合わせて、シンプルながら奥深い味わいに仕上げます。

野菜もいっしょにはさみたいときには、だし巻きの厚みを少しおさえて、レタスやきゅうりなどを組み合わせてください。ただ、最初はシンプルにだし巻きだけで、ぜひ味わっていただきたいところです。

パンはトーストしたパンでもいいですし、はさんでから切るのが苦手なようなら、まずはロールパンからやってみてもいいでしょう。意外なようですが、サンドイッチは〝切る〟が難しいんですよね。

具材をはさんだらお皿などで重石をし、具材とパンをなじませ、落ち着かせてから切ってください。または、ラップやオーブンペーパーなどで包み、そのまま切るとパンがずれません。ひと工夫すれば、きれいな切り口のサンドイッチになりますよ。

だし巻きサンド

材料（1組分）
卵　3個
かつおだし　大さじ3
しょうゆ　小さじ1
油　小さじ2〜3
食パン（6枚切り、または8枚切りのもの）　2枚
A
　バター・マヨネーズ・マスタード　各適量

作り方
1　ボウルに卵を溶きほぐし、だしとしょうゆを加えて混ぜる。
2　卵焼き器に油の半量を入れて熱し、卵液を¼量流し入れて広げる。半熟くらいに火が通ったら、半分に折りたたむ。さらに卵液を⅓量流し入れ、焼いた卵を少し持ち上げて裏側にも卵液を流し入れる。半熟になったらまた半分に折りたたむ。
3　油を足して②の作業を繰り返す。焼き上がったら皿などに取り出す。
4　2枚の食パンの片面にAを好みの加減で合わせてぬり、③をのせてもう1枚ではさむ。少しおいてなじませてから3つに切る。
★　卵焼き器は12×18cmのものを使用しています。

【ひとこと】
卵の厚みを出すには、なるべく小さな卵焼き器（フライパン）を使うこと。パンではさむので形は気にしなくても大丈夫。油を多めに入れると卵液がなじんで、しっとりふんわりと焼き上がります。
また、バターやマヨネーズをぬることでパンがコーティングされ、だしが染みにくくなります。

【お悩み】
私は魚の下ごしらえが苦手で、肉料理が多くなりがちです。
でも、栄養バランスを考えると、家族には魚も食べてもらいたい。
下ごしらえがラクチンで、手軽に作れるお魚レシピを教えてください。
（広島県・女性）

下ごしらえがラクチンな、手軽に作れる魚レシピを教えてください。

下処理はプロに任せて。魚は火の通りもいいから時短になります！

魚料理は下処理に慣れてしまえば、意外と簡単。しかも、お肉よりも火の通りが早いから、時短にもなるんです。そして、魚屋さんやスーパーの魚コーナーのスタッフの方と仲良くすることも大事。三枚おろしや内臓とうろこ取りだけでもお願いできると、魚料理がぐっと身近になります。

私は以前、長くお付き合いをしていた魚屋さんが突然廃業してしまい、途方に暮れた経験があります。その後また、いろいろとわがままを聞いてくださる魚屋さんがみつかりホッとしました。魚をさばくのなら、苦手な部分はプロにお任せするという手立ても、ときには必要です。

買ってきた魚は、まずは水けをしっかりとふき取ります。塩を軽くふり、10分ほどおいてから、もう一度よく水けをふくことで、くさみが取れます。このひとてまを、必ず行ってください。おいしさが断然変わります。それから、再び塩をふったり、しょうゆなどの調味料に漬け込んだり、煮立たせた煮汁のなかに入れて煮込んだりします。

このレシピでは、メカジキにマヨネーズを合わせてみました。淡泊なメカジキに濃厚なマヨネーズの味をプラスすることで、ご飯がすすむ味になりますよ。

メカジキのマヨ焼き

材料（2人分）

メカジキ（切り身）　２枚（約200g）
塩　適量
A
酒・みりん・しょうゆ
各小さじ２
しし唐辛子　適量
マヨネーズ　適量

作り方

❶　メカジキはペーパータオルで水分をしっかりふき取り、塩を軽くふって10分ほどおく。もう一度ペーパータオルで表面に出てきた水分をふき取る。

❷　食品用保存袋に①とAを合わせ入れ、空気を抜いて袋の口を閉じ、冷蔵庫で１時間ほど漬け込む。しし唐辛子はへたを短く切る。

❸　②のメカジキの汁けを軽くきり、魚焼きグリルで両面合わせて４～５分焼く。空いたスペースでしし唐辛子も焼く。

❹　③のメカジキにマヨネーズを細口でしぼり、さらに１分ほど焼く。

★　マヨネーズは焦げやすいので途中でしぼってください。

【ひとこと】

メカジキは焼いたり、揚げたりするとかたくなりがちですが、味つけの際に酒、しょうゆ、みりんを合わせると、比較的ふっくら仕上がります。その際、食品用保存袋で漬ければ、調味料は少ない量で済みます。

また、肉と同じ感覚で火を入れると、火の通しすぎでかたくなってしまうので、表面の色が変わったら火からおろし、様子をみるようにしましょう。

【お悩み】

冷え性の私にとって、冬といえば鍋料理。

ついつい続けて作ってしまうのですが、家族から「またお鍋？」といわれてしまいました……。

寄せ鍋やちゃんこ鍋、水炊き、キムチ鍋など、ひと通りは作りました。

「飽きた」といわれないレシピはないでしょうか。

（北海道・女性）

マンネリにならない鍋レシピを教えてください。

素材、味、組み合わせを自在に、バリエーションを楽しんで。

冷え込む日のお鍋は、格別ですよね。わが家も鍋料理は大好きで、冬はもちろん夏でもお鍋を囲むほど。鍋料理は、具材は切るだけ、副菜も作らなくていいし、食卓で仕上げてゆっくり食べられるので主婦にはありがたい料理です。

だしはかつお、昆布、煮干しに鶏と、どれを使ってもおいしく、だし同士をミックスしても違う味になります。具材はもちろん、薬味やタレでも変化がつくので、いつものお鍋に飽きたら組み合わせを少し変えてみてください。思いがけない味が生まれるのも鍋料理の醍醐味です。

定番のお鍋はいろいろ試されているとのことですので、少し変化球のレシピをご紹介いたします。お粥を作り、そのお粥を鍋の汁にしてしゃぶしゃぶを楽しむ一品です。

具材は火の通りのいい葉物野菜と極薄切りの肉がいいでしょう。具材にお粥がからみつき、衣をまとったようになります。肉のアクも旨みとなり、食べすすめるにつれて味に深みが増します。なんといってもお粥をいっしょに食べるわけですから、気づくとおなかいっぱいに。柚子こしょうやみそを合わせてもおいしいので、お好みの味をみつけてみてください。

お粥しゃぶしゃぶ

材料（4人分）
米　1合
水　約7と½カップ
だし　1～2カップ
葉物野菜（水菜、三つ葉、にらなど）・
　豚、牛しゃぶしゃぶ用肉
　各適量
塩　適量
薬味（白髪ネギ、小ネギ（小口切り）、
　おろししょうがなど）　適量
ポン酢・しょうゆ　各適量

作り方

1　米はといで大きめの鍋に入れ、分量の水を加えて中火にかける。沸騰したら弱火にし、ときどき混ぜながらお粥を炊く。水が足りなくなったら、そのつど加える。

2　①の粗熱が取れたら、ミキサーにかけて攪拌する。

3　鍋に②を戻し入れ、だしを加えながら好みの濃度になるまで煮て、塩で薄く味をつける。

4　葉物野菜は食べやすく切る。お粥の味加減をみてから、肉をくぐらせ、葉物野菜もたっぷり加えて煮えばなを好みの薬味やポン酢、しょうゆなどのタレで食べる。

★　肉は牛肉でも豚肉でも、両方入れてもおいしいです。

【ひとてま】
お粥を汁としていただくお鍋なので、米粒がなくなるまでミキサーにかけるのがポイント。面倒な場合は、多めの水でお粥を炊き、重湯《おもゆ》を汁として使ってください。
鶏だしを合わせてもいいですし、具材は火通りのよいもやしやえのきたけなどもおすすめです。

【お悩み】

子どもが家にいる休日は3食作るのが大変で、ずっとごはんのことを考えてしまいます……。特に困るのが昼食。朝食の片付けや家事をしているとすぐ昼になり、子どもが「おなかすいた」といい出します。時短でできる昼食メニューを教えてください。

（大阪府・女性）

休日の昼ごはんに時短でできるメニューを教えてください。

肉そぼろを作っておいてご飯にかけるだけ。卵や野菜のトッピングでカラフルに。

子どもがお休みのとき、3食の準備って大変ですよね。家族が多ければなおのこと。量も多くなるから時間もそれなりにかかるし、洗いものも増えるから洗いものが終わったらまた次の食事の準備……。一日それの繰り返しだったと母もよくぼやいておりました。

ですが、「困った」「作るのが面倒」と思っていると、ますます気が乗りませんから、ここはひとつ、ちょっとラクができて、大人も楽しめる献立にしてみましょう。

万能おかずの〝肉そぼろ〟は、ご飯に混ぜる、パンにはさむ、オムレツの具にする、サラダや麺類のトッピングにするなど組み合わせが自由自在。お弁当作りや時間がないときにも助かります。

夏なら、ちょっとだけスパイシーなそぼろに仕上げて、刻んだ生野菜やご飯と混ぜながら食べる〝タコライス〟がおすすめ。ワンプレートで済むので片付けがラクなのもうれしいところです。トッピングには目玉焼きのほか、ゆで卵や温泉卵でも喜ばれますよ。お子さんに、好みで具を組み合わせてもらうのも楽しいはず。好きな野菜をそろえて切るところから親子でいっしょに始めたら、野菜に興味をもってもらえる時間にもなりますね。

タコライス

材料（2人分）
合いびき肉　400g
玉ネギ（みじん切り）　1個分
にんにく（みじん切り）　少々
A
しょうゆ　大さじ2
トマトケチャップ　大さじ2〜3
塩　少々
カレー粉　小さじ⅓
きゅうり　½本
アボカド　½個
ミニトマト　8個
レタス　2枚
ご飯　茶碗2杯分（約400g）
目玉焼き　2個分

作り方
1　フライパンに油をひかずにひき肉を入れ、中火で炒める。火が通ったら、肉から出た脂を残して、ひき肉を取り出す。
2　①のフライパンに玉ネギとにんにくを入れ、炒める。しっとりとして火が通ったらひき肉を戻し入れ、Aで調味する。
3　きゅうりとアボカドは1〜2㎝角、ミニトマトは半分に切る。レタスは細切りにする。
4　器にご飯を盛り、③、②、目玉焼きをのせ、混ぜながら食べる。
★　肉そぼろは多めにできるので、残りはお弁当に使っても。
★　目玉焼きのほか、ゆで卵や温泉卵でもおいしいです。
★　ひき肉は牛ひき肉、豚ひき肉でもよいです。

【ひとこと】
タコライスはチリパウダーやオレガノ、パプリカ、クミンなどの香辛料を使うと本格的な味になります。今回は、スパイスに慣れないお子さんも食べやすいようにカレー粉をほんの少しだけ加えて、食欲をそそる味に仕上げました。簡単に作りたい昼食だから、調味料も野菜も、家にあるものでできるのはありがたいですよね。

【お悩み】

野菜は一日に350g以上とるのが理想的といわれていますが、現実的にはなかなか難しく、副菜を何品も作るのは大変です。一度でたくさんの野菜が食べられるとっておきのひと皿を教えてください。

（大阪府・女性）

一度でたくさんの野菜が食べられるとっておきの料理が知りたいです！

野菜の旨みがぎゅっと詰まった、スープはいかがでしょう。

野菜をたっぷりとるには断然スープがおすすめ。お鍋いっぱいに野菜を詰め込んでも加熱するとぐんとかさが減りますから、ひと皿でかなりの野菜が食べられます。

コツは野菜から出る水分をうまく利用して、しっかり火を通すこと。野菜本来の旨みが出てきます。まずは野菜と塩、オイルだけを入れて蒸し煮に。塩は味つけというより、野菜の旨みを引き出すためにほんの少し入れます。最初からだしやスープで煮る方法もありますが、旨みを引き出してからのほうが断然味がいいです。

使う野菜の決まりは特になく、冷蔵庫にある余りものを片づけるイメージで作ると、気持ちもラクではないでしょうか。とろみをつけたい場合は、じゃがいも、かぼちゃ、里いも、さつまいも、長いもなど、とろみの出る野菜をひとつ加えるといいですよ。ない場合は、ご飯やパンを少し加えてとろみをつけます。ご紹介したレシピでは牛乳を使っていますが、だしや豆乳で野菜のペーストをのばしてもいいです。野菜ペーストの状態のまま冷蔵庫で保存ができますので、スープだけでなく、ソースやリゾット、パスタにも応用してみてください。

とろみのあるスープはのどごしがよく、食欲が落ちたときにも体を温めたいときにも作ってほしい一品です。

野菜たっぷりポタージュ

材料（2人分）

玉ネギ、パプリカ、トマト、
かぼちゃ、にんじん、エリンギ、
長いもなど、好みの野菜
合わせて約600g

オリーブオイル　大さじ1

塩　適量

牛乳　300〜400㎖

作り方

1　野菜は2〜3㎝角の大きさに切る。エリンギは細かく切る。

2　鍋にオリーブオイルと①を入れ、弱めの中火にかけて軽く炒める。塩をひとつまみふり、ふたをして約10分蒸し煮にする。

3　一度混ぜて、さらに5分ほど蒸し煮にする。水けが出てきたら火を止め、粗熱が取れたらマッシャーなどでつぶしてペースト状にする。

4　鍋に戻し入れ、牛乳を加え混ぜて好みの濃度にととのえる。弱火で温め、塩で味をととのえる。

5　器によそい、好みでオリーブオイル（分量外）をたらす。

★ 野菜によって水分が出ない場合は、様子をみて50〜100㎖の水を加えて蒸し煮にする。

★ ③の状態で密閉容器に入れ、冷蔵庫で2〜3日間保存可。

【ひとてま】

なめらかに仕上げたいときはミキサーにかけて。手間はかかりますが、目の細かいざるなどで濾すと、さらになめらかになります。マッシャーやすり鉢、フォークの背でつぶしてみると、それぞれ舌ざわりも違い、おいしさも変わってきます。ポタージュにするひとてまでごちそうに変わりますので、家にある道具でぜひ作ってみてください。

【お悩み】
お中元でそうめんをたくさんもらい、毎日食べても食べきれません。
冷たいそうめんも、温かいにゅうめんも食べ飽きてしまいました……。
そうめんをおいしく食べられるアレンジ方法はありませんか？
（愛媛県・女性）

そうめんをおいしく食べるアレンジ方法はありますか？

ゆで、炒め、具にも使える！そうめんの使い道は無限大です。

お任せください！　何にでもそうめんを入れては、家族から好評だったり、「またそうめん？」といわれたりしながら〝そうめん道〟を日々まい進していますので、とっておきをお伝えしますね。

まずは、定番の薬味とつゆという組み合わせを脱してみましょう。トマトソース、フレッシュトマト、たらこ、とろろ、卵黄、納豆、梅干しや練りごま、サバ缶、ツナ缶など、だしやしょうゆと合わせておいしいものは絶対にそうめんと合います。次に、めんつゆに油をたらしてみてください。香りのいいオリーブオイルやごま油が1滴でも入ると、味に変化が生まれます。

今回はその応用で、夏野菜の揚げ浸しをつけ汁ごと麺と合わせました。野菜たっぷりで、おなかも満足。ぶっかけにしたり、卵黄を落としたり、ちくわなどを刻んで入れてもおいしいです。

ほかにも焼きうどん風に炒める、みそ汁や茶碗蒸しの具にする、サラダや卵焼きに加えるのもおすすめ。つゆをからめたそうめんを詰めた〝稲荷そうめん〟も子どもに好評でした。ほかの麺で作るものはたいていそうめんでもおいしくできますから、身近な素材と組み合わせてみてください。

揚げ浸しそうめん

材料（作りやすい分量）

なす　3本
ズッキーニ　1本
パプリカ　2個
みょうが　2個
みりん・しょうゆ　各90mℓ
砂糖・塩　各小さじ½
かつおだし　1～1と½カップ
そうめん　適量
好みの薬味（大葉、みょうが、しょうがなど）　適量
揚げ油　適量

作り方

1　鍋にみりんを入れ、一度煮立ててアルコール分をとばす。しょうゆ、砂糖、塩を加え混ぜ、再び煮立ったら火を止める。粗熱が取れたらだしを加え、合わせる。

2　なす、ズッキーニ、パプリカは1.5cm角ほどに切り、なすは5分ほど水にさらして水けをふき取る。みょうがは縦4等分に切る。

3　170°Cの揚げ油で野菜類を素揚げにし、揚げ立てを①に加えて30分ほどおく。

4　そうめんは袋の表示通りに熱湯でゆで、冷水にとってよく洗う。ざるに上げ、水けをしっかりきる。

5　④と③をそれぞれ器に盛り、薬味を添える。

★　③の揚げ浸しが余ったら、冷ややっこにのせたり、卵とじなどにしてもおいしいです。

【ひとこと】
そうめんとよくからむように野菜は細かく切りました。具はピーマンやしし唐辛子、オクラもよく合います。なすだけでもOK。油はきりすぎないこと。めんつゆと合わせるとトロッとして旨みが増します。余った揚げ油は炒めものや、炒め煮などに使うと香ばしさがアップします。

【お悩み】

私は茶碗蒸しが大好きで、バケツいっぱいでも食べられそうなぐらいです。

でも、自分で作るとレンジで爆発したり、かたまらなかったり、〝す〟が入ったりと、うまくできたためしがありません。

失敗しない茶碗蒸しの作り方やコツを知りたいです。

（山形県・女性）

失敗しない茶碗蒸しの作り方のコツが知りたいです。

時間と火加減を守り、蒸し上げれば失敗なし！

バケツいっぱい!!　私も茶碗蒸しが好きすぎて、そんなリクエストを母にしていた頃がありました。手作りなら具材も量も好きにでき、おなかいっぱい食べられます。

レンジ蒸しは手軽なようでいて機種のクセなどがあり、慣れるまでは難しいところがあります。その点、蒸し器やせいろなら、時間と火加減さえ守れば失敗なし。卵液とだしの割合によってかためにするか、汁もののようにやわらかくするかも好みで決められます。

ポイントは、卵液とだしを合わせたらすぐに蒸すこと。時間がたつと器の中で分離してしまうからです。次は火加減。強火で2分蒸した後、弱火でじっくり火を通していくことでなめらかに仕上がります。一気に強火で蒸すと表面がでこぼこし、中に〝す〟が入りますので、気をつけて。

器はお茶碗くらいの大きさの磁器で、凹凸のないつるりとした形のものが火の通りがよく、扱いやすいです。丼ほどの大きな器で蒸す場合は、最初の強火を少し長めの5分ほどにし、弱火で時間をかけて蒸してください。茶碗蒸しはそのまま食べる以外にも、ご飯にかけたり、具にうどんやお餅を入れて蒸したりするのもおすすめです。

茶碗蒸し

材料（2〜3人分）

卵　2個
鶏もも肉　50ｇ
しいたけ　1枚
三つ葉　適量
A
だし　1と½カップ
薄口しょうゆ　小さじ1
塩　ふたつまみ

作り方

1 鶏肉は小さめのひと口大に切る。しいたけは石づきを落とし、軸ごと薄切りにする。三つ葉は葉をざく切りにする。

2 鍋に湯を沸かし、蒸し器の準備をする。

3 耐熱の器2〜3個に鶏肉、しいたけ、三つ葉を等分して入れる。

4 Aを合わせ、よく溶いた卵を加える。ざるで濾しながら③の器に入れ、蒸し器に並べ入れる。ふたをして強火で2分、弱火にして20分ほど蒸す。竹串をさして澄んだだしが出てきたらでき上がり。かたまっていない場合は、蒸し時間を延長して様子をみる。

【ひとてま】
失敗なしといいながら、慣れてくると鍋から離れたり、タイマーをかけ忘れたりして、表面に〝す〟が入り、台なしにしたことも。そんなときは少量の湯を沸かし、しょうゆとほんの少しのみりんで味をつけたものに水溶き片栗粉でとろみをつけたあんをかければ、見た目よく仕上がります。薬味をのせて表面を隠しても。

【お悩み】

高校生になる息子のお弁当は、いつも肉中心のおかずなのですが、「冷めると脂がかたまっていて嫌だ」といわれてしまいます。

冷めても脂が気にならない、肉のお弁当おかずはありませんか？

（埼玉県・女性）

冷めても脂が気にならない肉のお弁当おかずはありますか？

使う肉の特徴次第で、脂をおさえるひと工夫を。

お弁当の肉の脂問題は、私も悩むところです。確かに温かいうちに食べれば旨みがあってやわらかくおいしい肉の脂も、冷めてかたまると舌ざわりの悪いかたまりになってしまいます。

脂の多い肉を使う場合は、野菜と合わせたおかずにしたり、ひとてまかかりますが、脂をカリッとよく焼く、肉をさっとゆでてから焼いたり炒めたりするなど、下ごしらえの段階で多少は脂が落ちます。粉の衣をまとわせるのもひとつの手。衣が脂をやさしく包んでくれて、冷めてもかたまらずに食べられます。ひき肉なら肉団子やハンバーグ、シューマイなどの練り混ぜるおかずにすると脂が気になりません。

徹底的に脂の対策をするのであれば、脂の多い部位は使うのを避け、豚肉や牛肉なら赤身の肉を使うといいでしょう。鶏肉は脂が少なく、扱いやすいので出番が多くなります。それでも皮の裏側や、肉と肉の隙間に脂がかたまっていることがありますが、調理前に取り除けば問題なし。鶏ひき肉も脂が少ないので、今回のレシピのようにそぼろにするのがおすすめです。冷めると鶏のゼラチン質がとろんとかたまることがありますが、それは脂ではないのでご心配なく。

三色弁当

材料（2人分）
鶏ひき肉（もも、またはむね）
200g
玉ネギ　¼個
油　小さじ1
酒　大さじ2
砂糖　大さじ½〜1
しょうゆ　大さじ1〜1と½
ご飯（温かいもの）　適量
絹さや（ゆでたもの）　6枚
卵（いり卵）　1個分
新しょうがの甘酢漬け（P88）
適量

作り方

1　ひき肉は冷蔵庫から出して常温においておく。玉ネギは1㎝角ほどに切る。

2　鍋、またはフライパンに油と玉ネギを入れ、炒める。玉ネギが透き通ってきたらひき肉、酒、砂糖を加えて、いりつけるようにして火を通す。

3　肉がほぐれてきたらしょうゆを加え、煮汁が少なくなるまで煮詰めながら味を含ませる。

4　弁当箱にご飯を詰め、粗熱が取れたら③と斜めせん切りにした絹さや、いり卵をのせ、新しょうがの甘酢漬けを添える。

＊　鶏ひき肉のくさみが気になる場合は、いりつけるときにしょうがのしぼり汁少々を加えてください。

【ひとこと】
そぼろは汁けをとばしすぎると、冷めたときにパサつきがち。お弁当や常備菜として使う場合は、少し汁けを残して完成とします。さっぱり仕上げたいときはむね肉、しっとり仕上げたいときはもも肉と、ひき肉を部位別に使い分けるのもいいですね。肉の色が変わり調味料を含んだら、火を止めて冷ましながらさらに味を含ませるとおいしくなります。

【お悩み】

冬になると、近くの直売所で立派な大根が安く手に入ります。おでんや煮つけにと活躍するのですが、毎年のことでワンパターン化してきました。私は冬のお鍋が大好きなので、大根が主役になるようなお鍋のレシピはありませんか？

(千葉県・女性)

大根が主役になるお鍋はありますか？

ていねいにすりおろした大根を主役に、ふんわりやさしい味わいのお鍋をどうぞ。

わが家ではタラやカキなどの海鮮に、大根おろしをたっぷりとのせたみぞれ鍋がよく食卓に上がります。大根おろしが主役。切った大根よりおろしたほうがスルスルとおなかにおさまります。大根おろしはていねいに作業しないと残念な味わいになってしまう料理のひとつ。子どもの頃、おろし担当は長女の私で、早く終わらせたいがために、おろし金に大根をゴリゴリと強く押しつけたものです。それでよく祖母に怒られました。大根おろしは力任せにせず、やさしく時間をかけて丸く円を描くようにすりおろす。祖母に教わったことです。そうすると、なめらかな口当たりになるのです。

大根おろしは焼き魚やだし巻き卵に欠かせない存在。焼いた塩鮭やゆでた青菜やきのこと和えれば、具だくさんなおろし和えにもなります。麺の上にたっぷりのせてもおいしいので、鍋以外でもぜひ大根おろしを召し上がってくださいね。

ところで最近、おろし金を新調しましたら、とてもよくすれてびっくり。ちょっと面倒だと思っていた、しらすおろしや納豆おろしが苦にならなくなりました。おろし金も劣化するので、思うようにいかないときは、メンテナンスをしたり、新しいものに買い替えるなど、見直してみるといいですね。

大根おろしはおろし立てが一番おいしいですから、わが家では食卓で皮ごとすりながら食べたり、鍋に入れたりしています。

タラのみぞれ鍋

材料（2人分）
生タラ（切り身）　2切れ
大根　約½本
水菜　2～3株
昆布だし　4～5カップ
薄口しょうゆ　大さじ1
塩　適量
片栗粉　適量
揚げ油　適量
柑橘類（すだちなど）　適量

作り方

1　生タラはペーパータオルで水けをふき取る。塩を全体にふり、食べやすい大きさに切る。
2　大根は皮ごとおろし金でやさしくすりおろし、ざるに上げて水けをきる。
3　水菜は5㎝長さほどに切る。
4　①のタラに片栗粉をまぶし、170℃の揚げ油でさっと揚げる。
5　鍋に昆布だしを入れて温める。薄口しょうゆと塩を加え、やや濃口のすまし汁ほどに味をととのえる。
6　③と④を鍋に入れ、すりおろした大根をふんわりとのせて、弱火で静かに温める。仕上げに柑橘類を搾る。
★ 大根おろしは500gで約2人分を目安にしています。
★ 柑橘はすだちのほか、ゆず、かぼすなどでも合います。

【ひとてま】
魚は必ず水けをふき取って塩をふります。塩が浸透すると再び水けが出てくるので、さらにていねいにふき取ってください。するとくさみが消えて、旨みが出ます。
また、タラは身がくずれやすいので、揚げる前に粉でコーティングを。片栗粉を使うと、お鍋がとろっと仕上がり、タラに大根おろしがよくからまります。

【お悩み】

春になると、近所で山菜採りをします。夫の好物なので毎年天ぷらにするのですが、なぜか私が揚げるとベチャッとしてうまくできません。

家庭でもカラッと揚げるコツがあれば教えてください。

（広島県・女性）

天ぷらを家庭でカラッと揚げるコツを教えてください。

何度も何度も揚げて、慣れることが一番の近道です。

天ぷらは永遠のテーマのようなもの。衣と具材、油の温度の３つがかみ合わないと、うまくいきません。私もときどきベトッとなったり、サクッでなく、ふんわりしたりもします。そういうときは急いでいたり、水けをふいていなかったりと、やはり大事な部分を省いているのです。揚げものは厭《いと》わず、何度も揚げて慣れるのが一番。油と仲良くなりましょう。

具材を衣にくぐらせる前に、まず小麦粉をふるのもひとつの手。あとは油の温度に注意をはらいます。衣を少し落としてジュワッとすぐに反応してカリッと揚がったら、油の温度がＯＫになった合図。油の温度が下がらないようにひとつ入れたら、ひと呼吸おいて次を入れるようにすることも失敗しないコツです。ひとつ目が揚がったら、ここで衣の具合を確認します。最初に揚がった天ぷらを見れば、衣や油の具合を調整できるので、失敗も少なくなります。早く済まそう、なんて考えはなしですよ。揚げる時間は短いのですから、出だしで折り合いをつけましょう。

家で揚げると、好きな具材にできるのはもちろん、衣の具合も調整できますから、軽い口当たりの衣に仕上げられるのもいいところ。揚げ油は毎回新しい油でなくていいのですが、使いまわしの油は劣化していることもあるのでご注意ください。まずは下ごしらえ、それから食卓を整えて、〝揚げる〟は最後に。これで揚げ立てが味わえます。

天ぷら

材料（2人分）

アスパラガス　6本
玉ネギ　½個
小麦粉　適量
ベーキングパウダー　小さじ½
塩　適量
冷水　1カップ弱
揚げ油（あれば米油）　適量

作り方

1　アスパラガスは根元から5㎝ほどの部分をピーラーで薄くむく。半分の長さに切り、小麦粉をふってからめる。

2　玉ネギは薄切りにし、同様に小麦粉をふってからめる。

3　ボウルに小麦粉1カップとベーキングパウダー、塩をひとつまみ、冷水を入れ、軽く混ぜて衣を作る。

4　揚げ油を170℃に熱し、衣を2～3滴ほど落として油の温度と揚がり具合を確認してから、①を衣にくぐらせて揚げる。具材が上に上がってきて周りの泡が小さくなり、衣が色よくなったら揚げ上がり。

5　玉ネギは小さなボウルに⅙量ほど入れ、衣を大さじ1ほど加えてからめ、揚げ油にそっと入れて揚げる。最初はいじらず、上に上がってきたら返して裏面も色よく揚げる。残りも同様に揚げる。

6　油をよくきり、器に盛り、塩などを添える。

★ アスパラガスと玉ネギにふる小麦粉の量は、合計で小さじ2くらいが目安です。

【ひとてま】
具材は必ず水けを取ること。特に野菜は切り口から水分が出てくるのでていねいに。水けがある具材は衣をつける前に小麦粉をまぶすと、水分がコーティングされ、衣のからみもよくなります。衣にベーキングパウダーや片栗粉を混ぜるとカラッと揚がりやすくなります。慣れない方は市販の天ぷら粉に頼ってもいいと思います。

【お悩み】
『喜びのタネまき新聞』創刊50周年を記念した編集室からのリクエスト第3弾！
新聞のタイトルにちなんで、いろいろな「タネ」を使ったレシピを教えてください！

タネにちなんだレシピをもっと知りたいです。

やわらかくゆでた大豆は、えもいわれぬおいしさです。

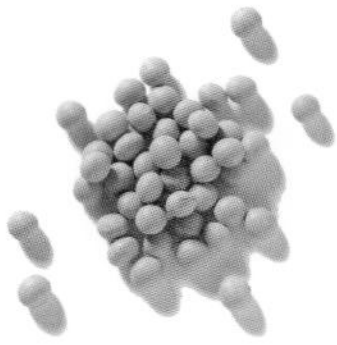

〝タネ〟をテーマにしたレシピ、今回は大豆を題材にお届けいたします。

大豆は、枝豆とは収穫時期が違うだけで元は同じです。枝豆は未成熟の段階で収穫されたもので、大豆は成熟し、茶色く乾燥してさやが開くほどになってから収穫したもの。そう、大豆は〝種子〟なのです。

大豆は基本的には水でもどし、ゆでて食べます。おみそ汁に加えて呉汁《ごじる》風にしたり、スープや煮もの、炊き込みご飯にしたりと、ゆでておくといろいろな料理に幅広く使えます。ちなみに〝呉汁〟とは、日本各地にある郷土料理で、大豆をすりつぶしたものを〝呉《ご》〟ということから、それをおみそ汁に加えたものをそう呼ぶようになったのだそう。

だまされたと思って、一度ご自身で大豆をゆでてみてください。そのおいしさといったら！　私は舌でつぶせるほどやわらかくゆでた、ゆで立て熱々のねっとりした豆が好きです。この味わいは、自分でゆでたからこそのご褒美。

ゆで時間が3〜4時間と聞くと驚かれるかもしれませんが、タイマーをかけながら家事をしたり、または一度火を止めて後から再び点火してもかまいません。じっくり取り組んだ先には、えもいわれぬおいしさが待っていることをお約束します。

大豆のサラダ

材料（2人分）
ゆで大豆　200g
ロースハム（スライス）　2～3枚
赤玉ネギ（みじん切り）　⅛個分
A
　塩　小さじ¼～⅓
　酢　大さじ1と½
　こしょう　少々
　オリーブオイル　大さじ3
パセリ（刻んだもの）　大さじ1

作り方
1　ハムは粗みじん切りにする。
2　ボウルに大豆、①、赤玉ネギ、Aを入れてよく混ぜ、30分以上冷蔵庫において味を含ませる。
3　食べる直前にパセリを加えてさっと混ぜ、なじませる。
★　大豆は缶詰などの水煮大豆でもOK。
★　常備菜にしてもよい。密閉容器に入れ、冷蔵庫で5日間ほど保存可。

【ひとてま】
大豆は、まず丸1日たっぷりの水でもどします。豆が「もう膨らみません」というくらい、薄皮がはじける寸前までしっかり浸水させてからゆでるのがコツ。
火にかけて沸騰してきたら白いふわふわの泡、アクをていねいに取り除きます。あとは、ふきこぼれない程度の火加減でやわらかくなるまでゆでるだけです。

【お悩み】

筋トレを始めた夫から、鶏むね肉の料理をリクエストされます。ですが、私はパサパサするむね肉より、ジューシーなもも肉派。鶏むね肉をおいしくいただくにはどうすればいいか、教えてください。

（福岡県・女性）

鶏むね肉をパサつかず、おいしく調理する方法を教えてください。

じっくり火を通すことで、しっとりおいしく仕上がります。

鶏むね肉は脂身が少ない分、とても火通りがよい部位なので、火を通しすぎるとかたくなり、パサついてしまいます。そこで、肉の厚みを均等にして余熱で火を通すようにしています。今回はフライパンに鶏むね肉を酒と水とともに入れて酒蒸しにし、蒸し汁のなかで冷ましながら余熱で火を通す方法をご紹介します。一度鶏肉からにじみ出た肉汁を冷ましながらもう一度肉に含ませることで、しっとりとしたむね肉のおいしさが味わえます。

鶏むね肉をピカタや揚げものなどにするときは、繊維を断ち切るように斜めにそぎ切りすると、よりやわらかな食感に。酒蒸しにするときは切らずにそのまま蒸し、加熱してから手で大きく繊維に沿って裂きます。包丁で切る場合は、切れ味のよいもので切らないと、繊維が毛羽立ったような切り口になるのでご注意を。

酒蒸しした鶏肉は日持ちするので、冷蔵庫に作りおきしておくと便利です。ふり塩をして、ひき立ての黒こしょうとごま油をかけるだけでも、塩と鶏肉の旨みが相まったシンプルだけれど、ごちそうな一品になります。

蒸し汁には鶏肉の旨みが詰まっていますので、決してすててしまわないように。麺のスープや野菜スープにもなりますし、さらにこの蒸し汁を加えてご飯を炊けば、鶏飯にもなります。

鶏むね肉の酒蒸し

材料（作りやすい分量）

鶏むね肉　２枚（約400g）

塩　鶏肉の重量の約１％

酒　大さじ３

水　適量

作り方

1. 鶏肉は水けをしっかりとふき取り、余分な脂を取り除く。皮をはがし、肉の厚みが均等になるように包丁で開く。
2. 鶏肉は塩を全体になじませ、15分ほどおく。
3. フライパン、または浅めの鍋に②を重ならないように並べる。酒をふりかけ、鶏肉が浸るくらいまで水を注いで火にかける。沸騰してきたらアクを取って鶏肉を裏返し、ふたをして火を止める。
4. そのまま粗熱が取れるまでおき、冷ましながら余熱で火を通す。

★ 蒸し汁ごと保存容器に入れて冷蔵庫に入れ、４～５日間保存可。味が落ちないよう、なるべく早めに食べてください。

★ 蒸し汁は鶏だしとして野菜スープなどに使ってください。

バンバンジー風アレンジ

材料（２人分）

鶏むね肉の酒蒸し（上記）　１枚分

きゅうり　１本

A

しょうゆ　大さじ１と½

白すりごま・白ごまペースト　各大さじ１

酢　大さじ１

砂糖　小さじ２

ラー油　適量

糸切り赤唐辛子　適宜

作り方

1. 鶏むね肉の酒蒸しは手で食べやすい大きさに裂いて器に盛る。
2. きゅうりは細切りにし、①に添える。
3. Aを合わせてタレを作り、①にかける。あれば糸切り赤唐辛子をちらす。

【ひとこと】

酒蒸しにした鶏むね肉は、和えものにしてからでも冷蔵庫で保存が可能です。右写真はもやしのナムル（P12）と和えたもの。鶏肉が加わることで、ボリュームアップしたおかずに変身します。

味つけが控えめなので、塩はもちろん、しょうゆ、みそなどといった味の組み合わせが自由自在です。梅干しやキムチ、ザーサイなどの漬けものとの相性も抜群です。

【お悩み】

私はとにかくしょうがが大好き。隠し味や薬味など、さまざまな料理で活用しているのですが、いつも脇役として使いがちです。しょうがの味を存分に楽しめるレシピを教えてください。

（熊本県・女性）

しょうがが存分に味わえるレシピを教えてください。

新しょうがの甘酢漬けを、豚肉と同量くらいにたっぷりと。しょうが入りの万能薬味ダレは作っておくと便利です。

生のしょうがは、ピリッと辛みがあって刺激的。加熱をすると爽やかな香りが立ち、肉や魚のくさみを消しながら、素材の旨みを引き出してくれます。

保存方法は、アルミホイルで包んだり、ペーパータオルで包んでから食品用の保存袋に入れたりする方法がありますが、おすすめは皮つきのまま水に入れる水浸けです。使うたびに水を入れ替えれば、長持ちしますよ。

しょうがを存分に味わいたいなら、新しょうがの甘酢漬けや薬味ダレはいかがでしょう。薬味ダレは、皮ごとせん切りやみじん切りにしたしょうがに、しょうゆ、酢、砂糖を合わせ、好みで白すりごまを加えたもの。30分もおけばしょうがから水けが出てしんなりし、酢の効果で辛みはマイルドになります。このタレは、サラダのドレッシングにしたり、焼いた肉や魚にかけたり、焼きそばの味つけにも使えます。釜揚げうどんに卵黄をのせてタレをかければ、釜玉うどんのでき上がり。使い勝手のいいタレですから、たっぷり作っておきましょう。

新しょうがを使った甘酢しょうがなら、そのままガリガリ、ザクザク味わえます。肉とほぼ同量の甘酢しょうがをいっしょに炒めるしょうが焼きは、わが家の人気定番おかずです。

豚肉と甘酢しょうがの炒めもの

材料（2人分）
豚ロース、または肩ロースなどの
　薄切り肉　8枚（約200g）
片栗粉　適量
A
　しょうゆ　小さじ1と½
　酒・みりん　各小さじ2
油　小さじ2
新しょうがの甘酢漬け（下記）　150g

作り方
❶　薄切り肉を広げ、大きい場合は半分に切る。両面に片栗粉を薄くまぶす。
❷　Aは合わせておく。
❸　フライパンに油を熱し、薄切り肉を焼きつける。全体にこんがり焼き色がついたら②を加えてからめ、汁けがあるうちに新しょうがの甘酢漬けを合わせて炒め合わせる。

新しょうがの甘酢漬け

材料（作りやすい分量）
新しょうが　500g
A
　酢　2カップ
　砂糖　1と½〜2カップ
　塩　小さじ1

作り方
❶　新しょうがは皮の傷など気になるところをこそげ取り、スライサーで皮ごと繊維に沿って薄く切る。
❷　鍋にたっぷりの湯を沸かし、①をゆでる。沸騰したら火を止め、平らなざるに上げて広げ、うちわなどであおいで水けをきる。
❸　鍋にAを合わせ入れて火にかけ、砂糖と塩を溶かす。
❹　保存容器に軽く汁けをしぼった新しょうがと③を入れ、1日おいて味をなじませる。
★　作り方②で新しょうがが薄いグレーのような色に変わることがありますが、甘酢に漬けるとピンク色に変化してきますのでご心配なく。
★　漬け始めのピンク色から日がたつと色が抜けますが、味は変わりません。
★　煮沸した保存瓶に詰め、冷蔵庫で1年間ほど保存可。

【ひとてま】

新しょうがの甘酢漬けの辛みを適度に抜きたいなら、薄くスライスしてから2～3度ゆでこぼし、しょうがも漬け汁も熱いうちに甘酢に漬けます。翌日から食べられますが、1週間ほどおくと味がなじみ、ほどよい辛みに。

それでも辛みが強い場合は、漬け汁だけ鍋に移して加熱し、沸騰したらしょうがの入った瓶に戻します。これを2度ほど繰り返すと、辛みが落ち着きますよ。

【お悩み】

大好きなごぼうを買ってきても、いつも余りがち。一気に2本使いきれるような料理はありますか？

（岐阜県・女性）


おいしいごぼうの見分け方やおすすめの保存方法があれば、ぜひ教えてほしいです。

（静岡県・女性）

ごぼうの保存方法や、一気に2本使いきれる料理を教えてください。

きんぴらにしてそのままを味わうほか、ひき肉だねに加えたり、炊き込みご飯の具にしたり。

ごぼうは、皮つきのまま調理するのが私のこだわりです。まれに白くなるまで皮をこそげる料理もありますが、皮つきのほうが香りや旨みをたっぷりと味わうことができます。洗う際は、たわしで泥を落とす程度にしておきましょう。

新鮮なごぼうを買ったとしても〝す〟が入っていることがあります。そんなときは、せん切りにしてしまえば気になりません。まず、ごぼうはきんぴらにしてしっかり味つけするのがおすすめです。それをひき肉だねと合わせてごぼう入りハンバーグや肉団子にしたり、薄切り肉で巻いて焼いたり、炊き込みご飯の具にしたりと、アレンジしながら食べます。切るのは少々大変ですが、山盛りでも炒めるとシュンとかさが減りますので、どうぞ大量に切って作ってください。

ごぼうは買ってしばらく冷蔵庫においておくと、味がすっかり抜けてしまいます。すぐに調理して、常備菜として食べすすめるのがおいしく楽しむポイントです。

牛肉の八幡巻きは、ごぼうをたくさん使う料理としても知られたもの。今回は、にんじんも合わせて彩りよく。年末年始のおせちの一品としても喜ばれる料理です。

牛肉の八幡巻き

材料（4本分）

ごぼう　100g

にんじん　1本（約100g）

A

- だし　1カップ
- 塩　ふたつまみ
- 薄口しょうゆ　小さじ2

牛薄切り肉　8枚（約300g）

牛脂　1片（なければ油　小さじ2）

B

- 酒・砂糖・しょうゆ　各大さじ1
- 水　大さじ2

作り方

❶　ごぼうとにんじんは牛肉の幅に合わせた長さに切る。ごぼうはさらに縦2〜4等分に切って5分ほど水にさらす。にんじんもごぼうの太さに合わせて1㎝角ほどに切りそろえる。

❷　鍋にAを入れ、火にかける。煮立ったらごぼうを加えて落としぶたをし、上からさらにふたをして煮る。煮汁が少なくなったらそのつどだし（分量外）を足し、串が通るくらいのやわらかさになるまで煮る。別の鍋に湯を沸かし、にんじんもやわらかくなるまでゆでる。

❸　牛肉を広げて2枚ずつ重ね、ごぼうとにんじんを角が合うように2本ずつ交互に並べおき、端から巻く。

❹　フライパンに牛脂を入れて熱し、溶けたら③の巻き終わりを下にして並べ、焼きつける。ていねいに転がしながら全体を焼いたらペーパータオルで余分な油をふき取る。

❺　Bを合わせて加え、煮詰めながら全体にからめる。

★　肉は切り落としやこま切れでも代用可。肉が小さい場合は具材を斜めにおいて巻いたり、パズルのように重ね合わせて1枚肉のようにして巻いたりと、工夫して使用し、巻き終わったら全体を手でにぎって、よくなじませてください。

★　今回はごぼうのみのものと、にんじんを合わせたものの2種類を作りました。

【ひとこと】

ごぼうはピンとハリがあり、ヒゲ根が少なく、袋に水滴がついていないものを選びましょう。泥つきは、乾燥を防げるため、よい香りが堪能できます。どうしても〝す〟入りにあたる場合もありますが、工夫して調理してくださいね。

産地により旬が異なるため、季節ごとにごぼうを味わうのも楽しいと思います。八幡巻きにするときは、煮て下味をつけてから肉で巻くと、ごぼうの味が一層引き立ちます。

【お悩み】
私は煮豆が大好き！
甘く煮る以外に「こんな食べ方もあるよ」という豆の料理方法が知りたいです。
（熊本県・女性）

黒豆や大豆はよく使うのですが、ほかの豆にも挑戦してみたいです。
新しい豆料理を教えてください！
（愛知県・女性）

豆のいろいろな調理法を教えてください。

ゆで立てをつぶしてペースト状にし、サラダやスープ、コロッケなどに！

豆は、ゆでておくと何かと便利な食材です。時間のあるときにまとめてゆで、小分けにして冷凍保存しておきましょう。黒豆や小豆は、甘く煮るのがおすすめ。大豆は、やわらかくなるまでゆでてから、ゆでただけの大豆、しょうゆ煮、五目煮を作り、食べきれない分はそれぞれ分けて冷凍します。ゆでただけの大豆は、そのままはもちろん、つぶしてポタージュにしたり、ペーストにしてもおいしいです。サラダや炊き込みご飯の具にもなるので、ゆで豆を作っておくと重宝します。

今回ご紹介する豆のレシピは、ひよこ豆のフムス。フムスとは、中東などの国々で日常的に食べられているひよこ豆をペースト状にした料理のこと。パンや肉、野菜などにつけて食べるディップのような食べものです。

ひよこ豆は、インドや中南米などで栽培されており、ひよこの頭のような形をしていることから、その名がついたとよくいわれていますが、フランス語で〝pois chiche〟と呼ばれていたものが、英語に転訛されたか、あるいは勘違いで〝chick pea〟とされてしまい、和名もこれを直訳したものになったとか。ひよこ豆という名はそんな訳で形が似ていることもあって後からいわれ出したもののようです。

ゆでたときのホクホクとした食感、やさしい甘みが特徴。クセがないので食べやすく、サラダやカレー、スープ、コロッケなどさまざまな料理の具材として活用できます。

ひよこ豆のフムス

材料（作りやすい分量）

ひよこ豆（乾燥）　150g
にんにく（小）　1片
オリーブオイル　約¼カップ
塩　小さじ¼〜⅓
コリアンダー　あれば少々
パプリカパウダー　あれば少々
イタリアンパセリ　適量
食パン　適量

作り方

1　ひよこ豆はさっと洗って、たっぷりの水にひと晩浸ける。
2　①を浸した水ごと鍋に移し、火にかける。途中アクが出たら取り除き、ゆで汁が少なくなったら足しながら1時間ほどゆでる。やわらかくなったらざるに上げ、水けをきる。
3　フライパンにオリーブオイルと包丁の腹でつぶしたにんにくを入れ、弱火にかける。香ばしい香りが立ったら、にんにくを取り出して火を止める。
4　②のひよこ豆はフードプロセッサーやハンドミキサーにかけてペースト状にし、塩とコリアンダー、③のオリーブオイルを少しずつ足しながらさらに攪拌する。
5　好みのやわらかさになったら器に盛りつけ、真ん中をくぼませて、オリーブオイル（分量外）をたらす。パプリカパウダーと刻んだイタリアンパセリをちらし、こんがり焼いた食パンを添える。

【ひとてま】
ひよこ豆は、ほかの豆と比べてゆで時間が短いので、ぜひ乾燥豆からゆでてみてください。便利な水煮もありますが、しっかりと水に浸してからゆでるとやわらかさと味わいが違います。
特に今回のレシピのようなペースト状にする場合は、ふんわりやわらかくゆでることでなめらかな仕上がりに。豆の風味も、しっかり味わえますよ。

【お悩み】

家でチャーハンを作ると、毎回ご飯がべちゃっとなって上手にできません。

家族のためにも再挑戦したいので、おいしく簡単に調理する方法をぜひ教えてください！

（山梨県・女性）

家でチャーハンを作る極意を教えてください。

お店の味にこだわらず、おうちならではのチャーハンに。

ご飯と具材を炒めるだけのチャーハンは、簡単そうにみえて実は難しい。チャーハンはシンプルがゆえに、奥が深い料理です。

「お米はパラパラにしないと」とつい考えがちですが、私は、家で作るチャーハンはお店のようにできなくてもいいと思っています。なぜかというと、火力の強さやフライパンの種類、ご飯の状態はもちろんのこと、お米の種類にまでこだわらないとパラパラには仕上がりにくいからです。そこまでしなくても、おいしいチャーハンは作れます。

おうちチャーハンは、冷蔵庫にあるもので作ったり、今回のレシピのようにあんかけにしたり、オムライス風にとろとろの卵をのせたりと好みに合わせていろいろアレンジも楽しめます。

たまに今日はパラパラに仕上がったぞ！ というときに限って、わが娘は「いつものしっとりチャーハンが食べたかった」などというから困ったものです。

そんなわけで、お店の味を目指すより、それぞれの家の味を確立したほうがよいのではと思う今日この頃。お好みの具材で、ささっと手早く調理ができれば、休日のお昼ごはんやお弁当など、出番が多くなりそうですよね。

かきたまあんかけチャーハン

材料（2人分）
ご飯　茶碗2杯分（約400g）
豚薄切り肉（部位はお好みで）　60g
長ネギ（粗みじん切り）　10cm分
しょうが（せん切り）　½かけ分
卵　1個
だし（冷たいもの）　1カップ
ナンプラー、または薄口しょうゆ
　小さじ½〜1
塩　適量
油　大さじ1
片栗粉　小さじ2
小ネギ（小口切り）　適量

作り方

❶　ご飯は、冷たい場合は電子レンジなどで温める。

❷　豚肉は1cm幅ほどに切り、塩ひとつまみをなじませる。

❸　フライパンに油を熱し、豚肉、長ネギ、しょうがを順に入れてそのつど炒める。豚肉の色が変わったらご飯を加え、塩ひとつまみを加えて、ほぐすように炒め合わせる。

❹　鍋肌からナンプラー、または薄口しょうゆを加え、さらに炒める。味をみて足りなかったら塩で味をととのえ、器に盛る。

❺　小さめのボウルに卵を割りほぐし、塩ひとつまみを加えて混ぜる。

❻　小鍋にだしと片栗粉を入れて、よく溶いてから火にかける。混ぜながらとろみがついてきたところで、⑤の卵液を流し入れてひと混ぜする。卵に火が通ったら、④のチャーハンにまわしかけ、小ネギをちらす。

★　炊き立てのご飯は炒めにくいので冷やご飯を温めるとやりやすいです。

★　だしが温かいと片栗粉がダマになります。冷たいだしに片栗粉を溶いてから火にかけるとダマにならず、とろみが早くつきます。

★　かきたまあんの火の通し具合はお好みで。半熟でも、しっかり火を通しても。

【ひとこと】

おうちチャーハンの具材は何でもあり。レシピでは豚肉を使いましたが、ハムやベーコン、ちくわなど、旨みのあるもので作れば、少ない調味料で味が決まりやすくなります。

フライパンや中華鍋は、家のコンロではふらずに、へらでほぐすようにして炒めます。ふった分だけ火の当たりが悪くなるので、注意してください。

【お悩み】
わが家は、小さな子どものいるとも働きの家庭です。
仕事がある日の夕食は、缶詰やレトルトなどに頼りがち。
ちゃんとした手料理を出したいので、短時間で作れるレシピが知りたいです！
（千葉県・女性）

短時間で作れる、ちゃんとした手料理を教えてください。

具材を重ねて、蒸し焼きにするだけ。具材同士の旨みが引き立つ料理です。

幼い子どもに、ごはんを食べさせることがどんなに大変か。おなかが減るとぐずる、泣く……。今では懐かしい時間ですが、子育て中の方にとっては大問題ですよね。

そんなときはフライパン、またはお鍋ひとつで作るボリューム満点のおかずがおすすめです。

作り方は、フライパンにざく切りの野菜を入れ、その上に魚介や肉をのせ、ふたをして蒸し焼きにするだけ。ご飯を炊いている間に作れますし、タイマーを使えば子どもの相手もできますよ。

子育て中の私は、よく鍋ものをしましたが、夫から「飽きた……」と苦情が。フライパン蒸しと鍋もの、どちらも材料と作り方はあまり変わらないので、交互に作るとよいかもしれません。今回のレシピのように、オイルをたっぷりかけたり、にんにくなどの薬味で香りをつければ、ご飯がすすむおかずになります。オイルが苦手なお子さんにはオイルの代わりに水を少々加えて野菜の水分が出るようにしましょう。

蒸し焼きにすることで野菜もたくさんとれますし、魚や肉を加えれば栄養バランスもよく、大満足間違いなし！　旬の野菜を使って彩りよく仕上げましょう。

今回合わせた食材のあさりは、自然の塩けがあるので調味は蒸し焼き後に行います。旨みが強いので、塩分を控えめにできますよ。

フライパン蒸し

材料（2～3人分）
あさり（殻つき）　200g
キャベツ　½個
菜の花　4～5本
スナップエンドウ　4～5本
にんにく　1片
豚薄切り肉（こま切れ肉や切り落とし肉など部位は好みで）　約4枚
塩　適量
好みのオイル　大さじ4

作り方

1 あさりは砂抜きし、殻ごとよく洗う。キャベツはざく切り、菜の花は根元を少し落として半分の長さに切る。スナップエンドウは筋を取る。にんにくは包丁の腹でつぶす。豚肉はひと口大に切り、塩を軽くふる。

2 フライパンに野菜類、豚肉、あさり、にんにくを順にのせ、オイルをまわしかけて、火にかける。ふたをして10分、様子をみて水分があまり出ないようなら大さじ2～3くらいの水を加えて、もう10分ほど蒸し焼きにする。しんなりしたらひと混ぜし、味をみて塩でととのえる。

★ 塩味を濃くしすぎないこと。食べるときに、ほんの少ししょうゆやポン酢をたらしてもおいしいです。

★ 具が盛り上がるほどたっぷり入れても、加熱するとしんなりするので、ふたがしっかりと閉まらなくても大丈夫。焦げないよう火加減を調整しながら、ふたが閉まるまでは火元を離れずに様子をみましょう。

【ひとてま】
あさりは、ひたひたくらいの塩水にひと晩浸けて砂抜きします。塩水は、水の量に対し3％の塩を加えたもの。意外と殻に汚れや雑菌がついているので、殻同士をこすり合わせてしっかり洗いましょう。あさりの殻同士を当ててカンカンといういい音がしたら身がよく詰まっている証拠。洗うときにぜひ、お子さんとお試しください。

【お悩み】

毎年、冬になると紹介される飛田さんの鍋料理が楽しみです。過去に掲載された「タラのみぞれ鍋」（P72）「お粥しゃぶしゃぶ」（P48）などもリピートしていて、家族からもおいしいと大好評！ もっと鍋レシピを教えてください。

（山口県・女性）

飛田さんのとっておきの鍋料理を教えてください。

うなぎとタレの旨みをなじませたお鍋。だしまでしっかり楽しめます。

寒さが厳しい日は、お鍋を囲んで体の芯から温まりましょう。とっておきの鍋料理ということで、旅先で食べて以来、家でも作るようになったうなぎの鍋をご紹介します。材料も作り方も、とてもシンプルです。

まずは、スーパーなどで市販されているうなぎのかば焼きと、板麸を準備してください。板麸とは、その名の通り薄く板状になった乾燥麸のこと。

作り方はいたってシンプル。昆布を水にひと晩浸してだしをとり、切り分けたかば焼きといっしょに鍋に入れます。タレは洗い流さずに、買ってきたまま使ってください。そうすることで、うなぎのタレの旨みも加わった、おいしいだしができます。それを板麸にたっぷりと含ませたら、あっという間に完成です。

旨みのきいただしは、一滴も残さず飲み干してしまうくらいのおいしさ。ふわっとやわらかな板麸も、スルリスルリと胃におさまります。イメージ的には、具だくさんのおすましといった感じです。

板麸なら水もどしはせず、そのまま使います。車麸のような厚みのある麸を使う場合は、水でもどしてから食べやすい大きさに切り、だしと合わせるといいでしょう。

うなぎと乾燥麩の鍋

材料（4人分）
うなぎのかば焼き（市販・大）
　1枚
板麩　2枚
三つ葉　2束
昆布だし　6カップ
塩　小さじ½ほど
薄口しょうゆ　小さじ1
柑橘類（すだちなど）　適宜
粉山椒　適宜

作り方
1　うなぎのかば焼き、板麩はそれぞれひと口大に切る。三つ葉は3cmほどの長さに切る。
2　鍋に昆布だしを加えて温め、うなぎのかば焼きと板麩を加えてさっと煮る。
3　味をみてから塩と薄口しょうゆでととのえ、三つ葉を加えてひと煮する。
4　好みで柑橘類を搾り、粉山椒をふる。

【ひとこと】
乾燥麩は、日持ちするので常備しておくと何かと便利な食材のひとつです。
今回のレシピのように鍋や汁ものに入れれば、だしを含んでふんわりおいしくなります。甘辛く煮て卵とじにしたり、豚肉の炒めものに合わせたり、かさ増しにもなりますので、ときには肉を使うような感覚で調理してみてください。食卓での出番が増えると思いますよ。

【お悩み】
庭でとれたたくさんのトマトを、
トマトが苦手な息子にも食べて
もらう方法はありませんか？
（長崎県・女性）

日がたってかたくなったパンを、
おいしくリメイクするレシピを
教えてください。
（鳥取県・女性）

苦手なトマトが克服できるメニューと、かたくなったパンのリメイクを教えてください。

旨みたっぷりのトマト煮を作って、お悩みを一気に解決！

トマトは生でもおいしいですが、加熱すると酸味や青くささが甘みや旨みに変化します。

わが家ではトマトを横半分に切って、オイルでこんがりと両面を焼いた「焼きトマト」が人気。それをパンにのせたり、ご飯の上に目玉焼きといっしょにのせてしょうゆをかけて食べるとおいしいのです。トマトは卵とよく合うので、ともに炒め合わせたり、牛肉と甘辛い味つけにして炒めるのもおすすめ。

旬の時期には、大きな完熟トマトや規格外品が出まわるので、それらを多めに買って<u>トマト煮</u>を手作りしています。大量でも煮詰めれば半量ほどになるので、トマトを買っては煮詰めるという日々を、毎夏楽しんでいます。煮沸と脱気をして瓶詰めにすれば冷暗所で1年ほどはもつので、保存食としても重宝します。

今回ご紹介する<u>パンのトマト煮</u>は、そんなトマト煮ともうひとつのお悩みのかたくなったパンを使います。かたくなったバゲットや食パンなどは、細かく切ってバターやオイルでこんがり炒めてクルトンにしたり、ちぎってスープに入れてパン粥にしたり、卵液を吸わせてフレンチトーストに。ソースやスープに入れてふやかすと、とろとろの口当たりになりますから、レシピを参考に無駄なく召し上がってくださいね。

パンのトマト煮

材料（２人分）
トマト煮（下記）　300mℓ
にんにく（みじん切り・小）　１片分
オリーブオイル　大さじ２
パン（食パンやバゲットなど）
　100g
塩　適量

作り方
1　フライパンににんにくとオリーブオイルを入れ、弱火にかける。にんにくの香りが立ってきたら、トマト煮と包丁で細かく切ったパンを加えて、弱めの中火にする。
2　パンがトマトの汁けを吸ってふっくらするまで炒め煮にし、塩で味をととのえる。

トマト煮

材料（作りやすい分量）
トマト（できれば完熟）
　10個（約2kg）
塩　小さじ¼

作り方
1　トマトはざく切りにして厚手の鍋に入れ、ふたをして火にかける。沸々してきたら、弱めの中火にしてふたをし、20分ほど蒸し煮にする。
2　トマトがかぶるくらいの水けが出てきたらふたを取り、強めの中火にして30〜40分煮詰める。まだ水けが出ていない場合は、再度ふたをして蒸し煮にする。とろみがつき半量ほどになるまでときどき混ぜながら煮詰め、塩を加える。

【ひとてま】
トマト煮は、水も油も使いません。トマトの水分と塩だけで作ります。とろみがつくまで煮詰めることで、大量に消費できますよ。作ったトマト煮はトマトソースや、肉や魚のトマト煮、スープ作りなどにお役立てください。
保存は、冷蔵なら１週間ほど、冷凍すれば１カ月ほど。しっかりと煮沸・脱気して瓶詰めにすれば、冷暗所で１年ほどもちます。

【お悩み】
豚汁を作るときに、
肉は炒めてから煮込むのか、
生のまま煮込んでいいのか
よくわかりません。
肉のくさみも気になるので、
おいしい豚汁の作り方を教えてください！
（滋賀県・女性）

豚汁の肉は炒めてから煮込むべき？それとも生のまま加えていいのでしょうか。

炒めてから加えると香ばしく、生のまま加えると、よりやわらかく仕上がります。

――豚汁の豚肉はバラかロースを使うことが多いです。肩ロースはにおいが気になるときがあるので、その部位が混ざった切り落とし肉や、こま切れ肉はあまりおすすめしません。

材料は、ごま油、ごぼう、しょうがなど香りがよく、くさみ消しにもなるものをそろえましょう。

肉を煮汁に加えるときは、炒めてからでも生のままでも、どちらでもいいと思います。炒めると香ばしさが増し、炒めなければ肉がよりやわらかく仕上がりますよ。

具だくさんの豚汁は、汁ものというよりおかずです。白いご飯や、おむすびを合わせるだけで1食分の献立になります。使う野菜は、レシピ通りではなくても大丈夫。常備野菜のじゃがいもやにんじん、玉ネギなど、数種類入れると旨みが増して、それぞれの食感を楽しめます。冷蔵庫にあるものを、組み合わせて作ってみましょう。

秋には根菜やきのこ類、真冬には白菜や大根をたっぷりと。春は豆類を入れた春野菜で軽やかに、夏はトマトとなすでさっぱりとした味わいに。旬の野菜で作れば、季節を問わず家族が喜ぶおかずになってくれるはずです。

秋には、ぜひ炊き立ての新米とともに召し上がってください。

豚汁

材料（2～3人分）

豚ロース薄切り肉　80g
ごぼう・大根　　各80g
にんじん・れんこん　各50g
里いも　2個
しょうが（せん切り・小）
　1かけ分
長ネギ（小口切り）　5㎝分
だし　4カップ
みそ　大さじ3
塩・しょうゆ　各適量
ごま油　大さじ1

作り方

1 豚肉は水けをふき取ってから3㎝幅ほどに切る。野菜はすべて食べやすい大きさに切る。

2 鍋にごま油と豚肉を入れて塩をひとつまみふり、弱火にかけて炒める。鍋の温度が上がり、鍋底に肉がはりつかないくらいにほぐれたら中火にし、長ネギ以外の野菜を加えて炒め合わせる。

3 全体に油がまわったら、だしを加える。煮立ったらふきこぼれない程度の弱めの中火にし、アクを取り除いてふたをし、野菜がやわらかくなるまで煮る。

4 みそを溶き入れ、味をみて塩としょうゆでととのえる。

5 火を止める直前に長ネギを加えてからお椀に盛る。

★ 長ネギのほか、みょうが、ゆずの皮、七味唐辛子など香りのあるものを薬味に添えると、肉のくさみ消しになります。

【ひとてま】
豚肉に限らず鶏肉や牛肉も、ペーパータオルで表面の水けをふき取ってから調理してください。ひき肉のパックにときどきみられるドリップもふき取ることで、味わいがまったく違ってきます。また、肉をゆでると出てくるアクもていねいに取り除きましょう。アクを取りすぎると味が薄まる気がしますが、くさみが軽減できます。

【お悩み】

大好きな麺類のお弁当を作ったのですが、べちゃっとかたまり失敗してしまいました。SNSで飛田さんが麺弁当を作っているのを見たので、レシピを教えてほしいです！

（福井県・女性）

失敗しない麺類のお弁当を教えてください。

詰め方や容器を工夫すれば、麺類のお弁当もこわくないですよ。

わが家で麺弁当を作るときは、お弁当箱に麺をひと口分ずつ丸めてカップに詰め、スープジャーに冷たいつけ汁、または熱々のつけ汁を注いで持たせています。丸めた麺をつけ汁に入れると、麺がほぐれて食べやすくなりますよ。ぶっかけ麺にも挑戦しましたが、家族にはつけ汁のほうが食べやすいと好評でした。

冷やし中華弁当では、麺がかたまらないようごま油をからめてから具材をのせ、タレは別添えに。食べるときにタレをかけ、麺と具材を混ぜていただきます。

焼きそばや焼きうどんも麺はかたまりませんが、冷めるとおいしさが半減するので、熱いあんをかけて食べる方法がベストでしょう。

麺を入れるお弁当箱は、わっぱのような容器ですと油染みが気になるので、アルミやプラスチックにしています。

今回のレシピでは、複数の野菜を使いましたが、好みの野菜だけでも大丈夫。あんかけ焼きそばにすることで、麺と野菜がからんでいっしょに食べやすくなりますよ。また、スープジャーはあらかじめ熱湯を入れて温めておくと、より熱々のまま食べられます。

毎日のお弁当作りは日々実験のつもりで。いろいろ試しながら、楽しんで作ってください。

あんかけ焼きそば弁当

材料（2人分）

白菜　2枚
小松菜　1株
にんじん　1/4本（約20g）
もやし　1/2袋（約100g）
きくらげ（もどしたもの）　2〜3枚
豚ロース薄切り肉　80ｇ
むきエビ　50ｇ
中華蒸し麺　2玉
うずらの卵の水煮　6個
塩　ふたつまみ
ナンプラー、または薄口しょうゆ　小さじ2
オイスターソース　大さじ1/2
水溶き片栗粉
　片栗粉大さじ2を倍量の水で溶いたもの
油　適量

作り方

1　野菜類ときくらげは食べやすい大きさに切り、豚肉はひと口大に切って塩ひとつまみをまぶす。むきエビは背ワタを取って洗い、水けをふく。

2　フライパンに油小さじ1を熱し、麺を袋から出したままの形で入れ、じっくりと焼きつける。香ばしい焼き目がついたら裏面にも焼き目をつけ、1玉ずつ弁当箱に入れる。

3　同じフライパンに油大さじ1を足し、豚肉を炒める。豚肉の色が変わったら、むきエビ、白菜の軸の部分、小松菜の茎の部分、にんじんを加えて炒め合わせる。全体に油がなじんでしっとりとしてきたら、白菜の葉、もやし、きくらげ、小松菜の葉も加えて炒め合わせ、塩ひとつまみ、ナンプラー、または薄口しょうゆ、オイスターソースで調味する。

4　うずらの卵の水煮を加え、野菜の水分が出てきたら、水溶き片栗粉を加えて全体にからめるようにしてとろみをつける。スープジャーに入れ、食べる際にスープジャーの野菜あんを弁当箱の麺にかけて混ぜながら食べる。

【ひとこと】
中華蒸し麺は焼きつけている間に自然とほぐれてくるので、箸でさわったりせず、ぐっと我慢を。水などを加えると、やわらかくなりすぎるので注意してください。やわらかい麺が好みなら生の中華麺をさっとゆで、冷水でしめてから炒めたり、焼きつけます。香ばしく焼けた麺にあんがからむと、おいしいですよ。

台所のお気に入り

台所仕事が
毎日気持ちよくできるように
寄り添ってくれる調理道具いろいろ。
よいと聞いたり、
みてよさそうと思うものを
試してきたら、
これらの道具がそろいました。
自分が作る料理にもっとも合う
道具ばかりです。
道具をみれば得意料理がわかる。
そしてそれらを
メンテナンスすることも大事ですね。

小さい蒸籠

冷凍ご飯やパンを蒸したり、ひとりのときは肉まんや、蒸し野菜なども。ちょうどいい鍋がなくても、蒸し板があれば大丈夫。お餅を蒸すとつきたてのよう。ひとてまかかりますが、慣れてしまえば、こちらのほうがある意味ラクチン。電子レンジより、どれもおいしく仕上がりますよ。

小さい泡立て器

みそを容器からとるとき、これを回しながらすくい、そのまま鍋で溶かすのに便利で、いつしかこれ一辺倒になりました。右端のものは大きいほうが大さじ2、小さいほうが大さじ1と、目安になるのもいいところ。ドレッシングや合わせ調味料、タレを作るときにも小さな泡立て器は重宝します。

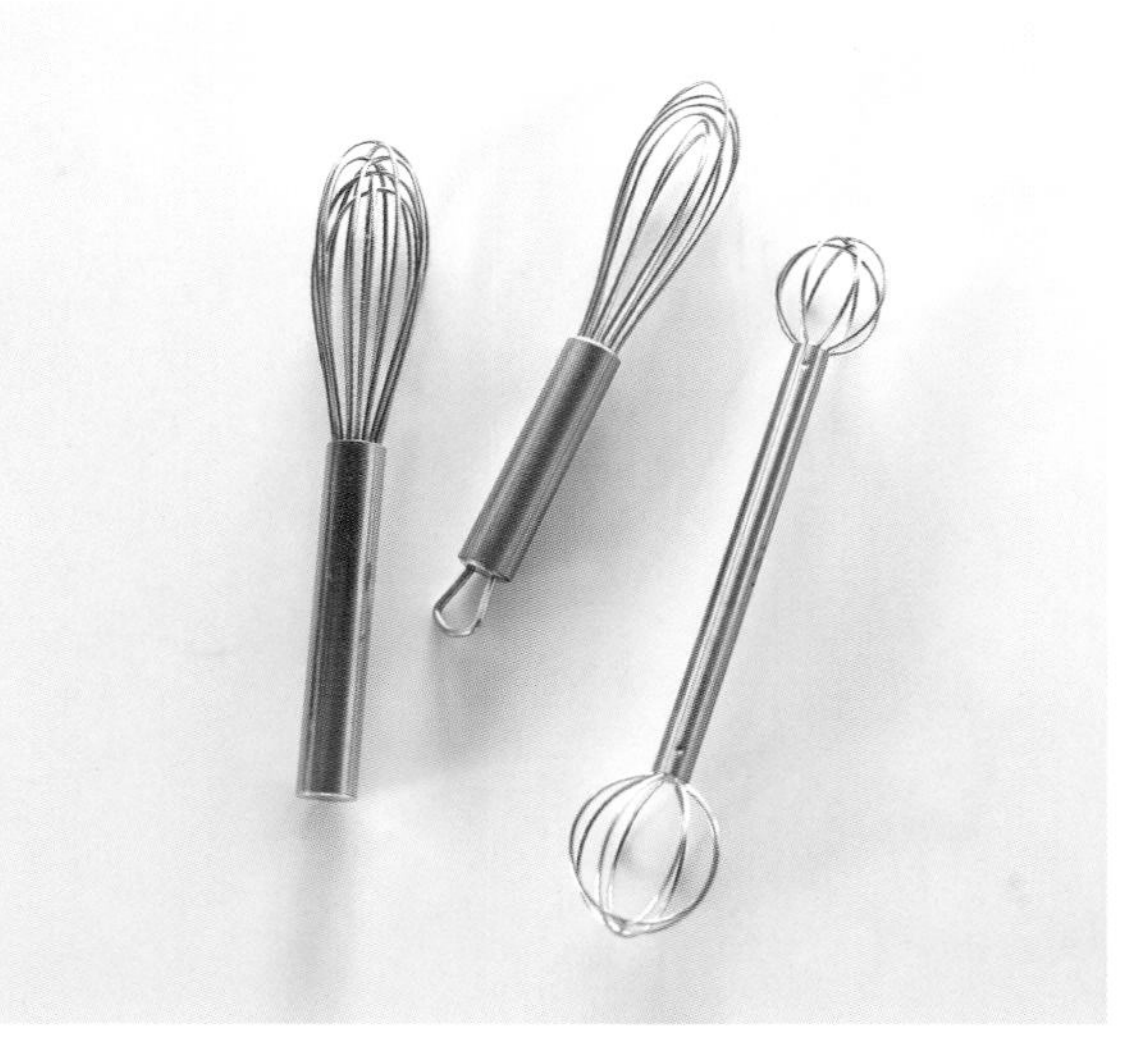

ダスキンの台所用スポンジ（ハードタイプ）

やわらかい面もかたい面もへたれにくく長持ち。しかも茶渋もやさしくこするだけでバッチリ落ちます。洗うものだから常に清潔に保つことが大事。使ったら最後はしっかり洗い、よく水けをきっておきます。ダークな色味もわが家の台所に合います。

黒いまな板

合羽橋の釜浅商店のオリジナルまな板は、包丁の刃のあたりが、木とはまたちょっと違ったやさしい感じ。せん切りがますます好きになりました。まな板が黒だなんてとお思いでしょうが、これが素材がよく見えて切りやすいんです。重さもほどよく、安定感があります。

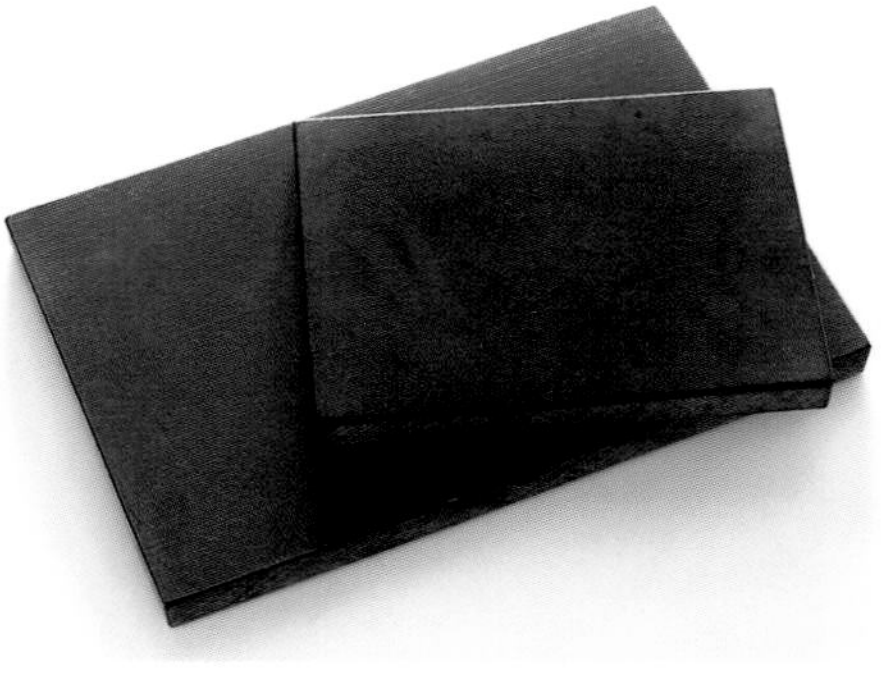

ダスキンの石けん付きスチールウール

少量の水をつけて洗うと、こうして泡が出てきて長年蓄積していた鍋底の汚れもすっきり。フライパンや鍋の底、縁、外側など、たまにやる気を出して、これでピカピカに磨いています。

三角お玉

お鍋の隅のものがすくい取れず、「あー」と思ったことってないですか？　それを解決するために考案し、作っていただいたもの。これなら鍋の隅まで気持ちよくしっかり取れます。汁を注ぐときも量が調整しやすいんです。

アルマイトの鍋

なんといっても軽いし、すぐお湯も沸くし、一番出番の多いもの。たっぷりのゆで汁が必要な豆や大きな野菜、麺類をゆでたり、炒め煮もこの鍋。やっぱり何かと一番便利な、なくてはならないものです。

小さなすり鉢

その昔、松本の陶磁器や工芸品を扱うお店「陶片木」で離乳食用に購入したすり鉢は、今では白和えや、ごまをするときなどに活躍するようになりました。すり鉢の中で具材を和えてそのまま食卓にも出せるのがいいなと思っています。先が丸いすりこぎ棒は、肉やごぼう、れんこんなどをたたいたりするときにも使っています。

雪平鍋

雪平はサイズ違いで持っておくと、ちょっと何かをゆでたり、ゆっくり煮ものを作るときなど、さまざまに対応できて便利です。でも、おき場所が、と思う方！　このやっとこを使うタイプのものだとこうして入れ子にできるので、さして場所をとらずに収納できます。ボウル代わりにもなって便利。

「季節のこと」

【お悩み】
私は海藻が大好きです。
しかし高齢の母は、わかめや昆布はのどにはりつく感じがして苦手だといいます。
年齢を問わずおいしく食べられる海藻料理を教えてください！
（岡山県・女性）

年齢問わずいただける海藻料理を教えてください！

海藻は切り方を変える。揚げることで食感を加える。

わかめがはりつく感じ、わかります。私も年齢を重ねるごとに、飲み込む力の変化を実感しますが、こればかりはうまく付き合っていくしかありませんよね。

わかめであれば、切り方を少し工夫するだけで口当たりがよくなり、新鮮な味わいになります。私がよくするのは、たたいて細かくしたり、フードプロセッサーでペースト状にすること。これをスープやみそ汁などの汁ものに入れると緑色が映えてきれいですし、とろっとした食感も旨みにつながります。また、豆腐や生野菜のサラダに添えたり、麺に薬味野菜といっしょにのせたりも。

昆布は、極々細切りにすると食べやすくなります。相性のよい梅干しと合わせて佃煮にしておけば常備菜にもなります。牛肉と炒め合わせれば、昆布が主役のおかずにも。炊き立てのご飯に混ぜてもおいしいですよ。

春は旬のわかめに、出合いものの新じゃがいもとじゃこを合わせた天ぷらをよく作ります。油で揚げることで、わかめがサクッとした食感に仕上がり、いつもと違ったおいしさを感じる一品に。わかめに水分があると油がはねるので、小麦粉をまぶしたら5分ほどおいて、粉を落ち着かせてから具材と密着させて揚げるのがポイントです。これはそのままはもちろん、ご飯にのせて天丼にしてもいいですし、麺にのせてもおいしい、残ったら甘辛く煮つけて翌日も楽しめます。まずは揚げ立てのザクザク感をお楽しみください。

わかめとじゃがいも、じゃこの天ぷら

材料（2人分）
わかめ（水でもどしたもの）　60g
じゃがいも　１個（約150g）
ちりめんじゃこ　10g
小麦粉　大さじ３ほど
揚げ油　適量
塩　適量

作り方

1 わかめは、ひと口大よりも少し小さめに切る。じゃがいもは細切りにする。

2 ①をボウルに合わせ入れ、ちりめんじゃこを加えて小麦粉を少しずつふる。しっとりとしてくるまで少しずつ小麦粉を加えては和える（なかなかしっとりしない場合は、しっとりするまで水を小さじ１ずつほど加えていく）。

3 ②を５分ほどおき、衣が落ち着いたら、４～５等分にして170℃の揚げ油で揚げる。表面が色づいてきたら上下を返し、全体で３～４分揚げて引き上げる。

4 油をよくきり、好みで塩をふる。

【ひとこと】
天ぷらといえば衣作りをしますが、この方法は、具材の水けと小麦粉をなじませてしっとりさせるだけ。衣が厚くなりすぎず、カリッと揚がります。具材を切る、小麦粉をまぶす、油で揚げるというシンプルな3ステップで完成するこの揚げものは、簡単でいいのですが、具材の水けが多いものに限りますのでご注意ください。

【お悩み】

飛田さんがよく作っている「ぽたぽた漬け」が気になって仕方ありません。

梅干しや梅酒くらいしか作ったことのない私には新鮮で、どんな味なのか興味津々です。

ぜひ作り方を教えてください！

（岐阜県・女性）

ぽたぽた漬けってどんな味？　作り方を教えて。

まったりとした甘酸っぱさが特徴的なぽたぽた漬けは梅の保存食です。

「ぽたぽた漬け」というのは、信州のなかでも北部、新潟に近い地域でよく作られている梅の漬けものです。塩けのある梅干しとは別もので、甘酸っぱい梅の保存食。地元ではお茶うけとして食べます。お客様や仕事の打ち合わせにいらした方にふるまうと、「種までおいしい」といつまでも種を口の中に留めて味わってくれます。

梅干しとは別ものといいながら、作り方は似ていて、塩水に浸けてから土用干しをして、酢と氷砂糖で甘く漬け込みます。なかなか晴天の日がやってこなかったら、塩水ごと梅をポリ袋などに分けて冷蔵庫に入れ、晴れの日を待ちます。氷砂糖は一度に入れると浸透圧で皮にシワが寄ったり、味の含みが悪くなったりするので、何回かに分けて加えて甘みをのせてください。口に含むと、やわらかな果肉の中に重みのあるふっくらやさしい甘みがあふれ出て、ぽたぽたっという名前がピッタリと思わせてくれます。

このぽたぽた漬けに使う梅は、南高梅の完熟が最適。買ったものがまだ青くて若い場合は、盆ざるや新聞紙などの上に広げて、直射日光が当たらない涼しい場所に2〜3日おき、追熟して黄色くなってから漬ける作業に入ります。

『喜びのタネまき新聞』掲載後にもたくさんご質問をいただきましたので、P194のQ&Aでもお答えしました。そちらも併せてお読みください。

ぽたぽた漬け

材料（作りやすい分量）
完熟梅　1kg
塩・酢　各適量
赤じそ　100g（正味）
氷砂糖　約500〜700g

作り方

1　梅はよく洗ってなり口を取り、容器に入れてひたひたに水を注ぐ。水の量に対し、約10%の塩を加えてひと混ぜし、ときどき混ぜながら4〜5日冷暗所におく。
2　赤じそは葉を摘み、塩5gと合わせてよくもむ。もんではしぼり、出てきた汁をすてるを2〜3回繰り返す。汁が赤く透き通ってきたら酢大さじ1を加え、食品用保存袋に入れて冷凍する。
3　土用がすぎ、梅雨明け後の連続した晴天を狙い、①をざるに広げて3日間天日干しする。
4　③を保存容器にそっと移し入れ、酢をひたひたよりやや少なめに注ぐ。
5　②を自然解凍し、④の上に広げてのせる。
6　⑤に氷砂糖の1/3量ほどをのせ、ふたをして冷暗所におく。残りの氷砂糖はときどき様子をみて、2〜3回に分けて加える。そのまま半年ほどねかせる。
★　氷砂糖を加えるとぐっと水けが出てきて、漬け汁の味が薄まってしまうため、酢の量をやや少なめにしています。

【ひとてま】
味のノリが悪かったり、皮がかたかったりしたら、1年待って干し直してみてください。その場合は作り方⑥の状態のまま漬け汁の中でねかせておいたものを干します。梅は何年かかけて仕上げてもいいのです。せっかく作ったものですから、決してあきらめないで。すぐに結果は出なくとも、そのぶんおいしく仕上がったときの喜びは格別ですから。

【お悩み】
ぽたぽた漬け（P134）に続き、梅仕事シリーズをリクエストします！
梅シロップの作り方を教えてください。
（長野県・女性）

梅シロップや梅酒を作ると、いつも梅が残ってしまいます。活用法を教えてください。
（大分県・女性）

梅シロップの作り方、梅の活用法を教えて！

夏の元気の素、梅シロップ！残った梅はジャムにしたり、煮ものに加えたり。

梅仕事のなかでも手早くできて、手順もシンプルなのは梅シロップ。梅と氷砂糖さえあれば簡単に作れますが、いくつかポイントをお伝えします。

使用する梅は、青梅でも完熟の梅でも小梅でも作れます。青梅はすっきりとしたフレッシュな味に、完熟の梅は甘酸っぱさが際立ち、小梅は少しやわらかな味わいといった仕上がり。それぞれ風味が違いますので、お好みの梅で作ってみてください。

梅シロップは天日干しをする必要がないので、梅仕事に慣れていない方でも大丈夫。一度冷凍して果肉の繊維をくずしてから氷砂糖と合わせると、早くシロップが出てきます。冷凍庫に入らないときや気長に作りたいときは、生のままでも作れます。

砂糖は氷砂糖が適当ですが、グラニュー糖やきび砂糖でも。ただし、溶けきらない場合があるので、瓶を傾けたりして砂糖がかたまらないように様子をみてくださいね。

梅がかぶるくらいまで十分にシロップが出たら、完成です。ただ、長く常温におくとシロップが発酵することもありますので、注意しましょう。ブクブクと泡が出ていたら、冷蔵庫に入れるか、すぐにシロップだけ取り出して加熱し、しっかり冷ましてから再び保存容器に戻してください。発酵を止める作業をすれば長く楽しめます。

こちらもたくさんいただいたご質問にＰ１９４でお答えしています。

梅シロップ

材料（作りやすい分量）

梅　1kg

氷砂糖　1kg

作り方

1　梅はよく洗って1粒ずつていねいに水けをふき取る。なり口を取り除き、竹串をさして果肉に数カ所穴をあける。

2　①を食品用保存袋に入れ、冷凍庫にひと晩おく。

3　煮沸消毒した保存瓶に、梅と氷砂糖を層になるように交互に重ね入れる。入りきらない梅は、再び冷凍庫で保存する。

4　冷暗所に2〜3日おいて、シロップが出てかさが半量ほどに減ったら、再び梅と氷砂糖を交互に詰める。シロップが出て、隙間ができたら同様にまた詰める、を繰り返す。

★　窓辺や熱のこもりやすい場所におくと、発酵・膨張して瓶が破裂する恐れがあります。必ず冷暗所、または冷蔵庫で保存してください。

★　水や炭酸水で、好みの濃度に割ってどうぞ。お子さんやお酒が苦手な方でもおいしくいただけますよ。

【ひとてま】

梅シロップや梅酒で残った梅は、そのまま食べてカリカリした歯ざわりを楽しんだり、やわらかく煮て食べたり、砂糖を加えて果肉をつぶすようにして煮詰めてジャムにしたりしています。

豚のかたまり肉や骨つきの鶏肉、魚の煮ものなどに加えると、甘みがのり、梅のもつ酸の効果でやわらかく仕上がります。

【お悩み】

甘いものが好きな孫のために、おやつを手作りしてあげたいなと思うのですが、暑い日にお菓子を焼くのはおっくう……。夏場におすすめの、子どもに喜ばれる手作りおやつはありませんか？

（島根県・女性）

夏に子どもたちに喜ばれるおやつを教えてください。

季節の果物を砂糖と水で煮て、バニラアイスとともに。

私も焼き菓子を作るのが苦手なのでよく悩みますが、果物を煮たり、焼いたり、凍らせて作るおやつは手軽なのでよく作ります。果物は火が通りやすく、すぐにでき上がるのもうれしい。来客があるときは、前日に作っておくと当日あわてずに済むので便利です。特に冷たいおやつは夏にとても喜ばれますし、ガラスなどの器に盛りつければ一層涼を感じられます。

夏になると、真っ先に手にする桃。そのままでももちろんおいしいですが、旬のお安いときにたくさん手に入ったときは時間を見つけては煮ておきます。熟して食べ頃の桃は、煮くずれしやすいので、ややかためのもので作るようにしています。そのまま食べる以外に、アイスクリームやヨーグルト、フレンチトーストに添えたり、トーストにのせたりとアレンジもいろいろ。特にバニラアイスとの相性は抜群です。お孫さんのおやつなら、いっしょにかき氷作りをして、その上に桃をのせ、最後にシロップをかけても喜ばれるはずです。

〝ひとてま〟でご紹介の通り、保存瓶に作りおきすると、桃の季節が終わっても長期間楽しめると、保存食名人に教わりました。急な来客や娘のお弁当のデザートに困ったときなどにも重宝しています。ぜひ作ってみてくださいね。

桃のシロップ煮

材料（作りやすい分量）
桃　4個
水　3カップ
砂糖　300g

作り方

❶　桃は皮つきのまま半分のところに切り込みを入れてそっと2つに割り、種を取り除く。沸騰した湯にさっと通し、はじけたところから皮をむき、2～3等分に切る。

❷　厚手の鍋に分量の水と砂糖を合わせ入れ、火にかける。沸騰したら①を加え、再び沸騰したらペーパータオルで落としぶたをする。さらにふたをして、弱火で10分ほど煮る。

★　粗熱が取れたら保存容器に入れ、冷蔵で1週間ほど保存可。長期保存は“ひとてま”を参考にしてください。シロップが足りない場合は水と砂糖を同じ割合で煮て、粗熱が取れたら加えてください。

【ひとてま】

しっかり脱気をして保存すれば、常温で1年ほど保存ができます。脱気することで瓶の中の空気がうまく抜け、日もちします。

〈脱気して保存する
桃のシロップ煮の作り方〉

❶ 上記の作り方①の桃を塩水に10分ほど浸し、水けをきってから煮沸した耐熱の瓶に入れる。

❷ 作り方②のシロップをなみなみ注ぎ、軽くふたをする。

❸ 蒸気の上がった蒸し器に②を入れ、20分ほど蒸す。やけどしないようにふきんや耐熱の手袋を使って気をつけて取り出す（ふたが熱でゆるんでいるので注意）。ふたをかたく閉め、瓶を逆さまにしておき、十分に冷ます。

【お悩み】

家庭菜園で採れた夏野菜を使ってピクルスを作ってみたのですが酸っぱすぎたり、味が薄かったりとなかなか上手にできません。おいしく作るコツが知りたいです。

（静岡県・女性）

自家製ピクルスをおいしく仕上げるコツとは？

漬け汁はやや濃いめに！食べきれる量を作って。

ピクルスは、漬け汁をやや濃いめに作るのがポイントです。そうすることで、野菜から水けが出ても味が薄まることなく、ちょうどいい塩梅にでき上がります。

味を早く染み込ませたいなら、野菜はやや小さめに。じっくり味を含ませたいなら、大ぶりに切りましょう。このレシピは、半日も漬ければ味がしっかり染みる分量になっています。まずはでき立てを食べて、日ごとに変わる味の変化をお酒のつまみやつけ合わせにして楽しみます。また、肉で巻いて焼いたり、細かく切ってタレに加えたり、炒めものの薬味にも使ってください。

残った漬け汁は、調味料としてドレッシングや酢飯に使うといいですよ。炒めものにひとさじ加えると、酸味がとんで塩けだけが加わります。豚肉や鶏肉に下味としてよくもみ込んで唐揚げにすると、酢の効果で肉がやわらかく仕上がります。

大事なのは、食べきれる量を作ること。保存がきくものは往々にして作りすぎてしまいがちですが、あまり長くおいておくと味が抜けてしまいます。

少量から作れるレシピになっていますので、無駄なく食べてほしいと思います。酸味は控えめなレシピですが、漬け汁を作ったら野菜と合わせる前に味見をして酢の加減をお好みの感じに調整してください。

夏野菜のピクルス

材料（作りやすい分量）

きゅうり　1本
パプリカ（赤と黄）　各1個
セロリ・にんじん　各1本
A
　にんにく（薄切り）　1片分
　ローリエ　1枚
　酢　1カップ
　砂糖　80g
　塩　小さじ2と½
　水　2カップ

作り方

1　小鍋にAを合わせ入れ、火にかける。ひと煮し、砂糖と塩をしっかり溶かして冷ましておく。

2　野菜類は食べやすい大きさに切り、熱湯にさっとくぐらせ、ざるに上げて水けをきる（盆ざるなど、平らなざるに広げると水けが早くきれる）。

3　煮沸消毒した清潔な保存容器に野菜を入れ、①を注いで半日ほど漬ける。

★　冷蔵庫で2週間ほど保存可能ですが、味が抜けていくので早めに食べきることをおすすめします。

【ひとてま】

野菜はさっとゆでて、余分な水分を抜きましょう。野菜が熱いうちに漬け汁と合わせれば、早く味が染み込みます。

漬け汁にはお好みで粒こしょうやコリアンダー、カルダモンなどを入れるのもおすすめ。わが家では、数日おいた後にディルやタイム、イタリアンパセリなどのハーブを加えて、味変を楽しむこともあります。

【お悩み】

家庭菜園できゅうりを大量に収穫できたのですが、量が多すぎて食べきれません。日がたつと〝す〟が入ってしまうので、きゅうりを一度にたくさん使えるレシピを教えてください。

（栃木県・女性）

きゅうりを大量に使えるレシピを知りたいです。

みずみずしいきゅうりはおいしいうちに、切って下ごしらえをすること。

きゅうりの収穫、お疲れさまです。実家の両親は、毎日きゅうりを収穫しては大きなたるに放り込んで塩漬けにし、重しをのせて漬けものにしています。きゅうりがぺたんこになるくらい、しっかり漬け込むんです。そのおかげで量が減り、冬の間も無駄なく食べられる漬けものになります。そんな方法で大量に消費する手もありますが、ここではもっと手軽な方法をご紹介します。

まずは、おいしいうちに薄切りにし、塩もみをすること。しんなりしたらぎゅっとしぼって、そのまま食べたり、サラダにしたり、スープに加えたり、酢のものにしたりいろいろ使います。ごま油をかけてザクザクと歯ざわりよく食べるのも好き。塩もみをするときゅっと小さくなるので、ひとりで2本分くらいはペロリと食べられます。

あとは、薄く切って干すのもおすすめ。半干しくらいにして水けを抜いた後は、油で炒めたり、汁ものに加えたりしてアレンジしています。干したきゅうりの食感もまた格別でいいのです。

そのままおいておくときゅうりの味も風味も落ちますし、傷んでしまうので、無駄なく食べるにはとにかくおいしいうちに切って下ごしらえをすること。切ってあると不思議なことに、意外に食べてしまうものですよ。

きゅうりのヨーグルトスープ

材料（2人分）
きゅうり　2本
塩　きゅうりの重さの1％分
無糖ヨーグルト　2カップ
ディル、香菜などのハーブ　適量
クミン、黒粒こしょうなどのスパイス　適量
オリーブオイル　適量

作り方
1　きゅうりは小口切りにし、塩をまぶして10分ほどおく。しんなりしたら出てきた水分をしっかりしぼる。
2　器に無糖ヨーグルトを入れ、①をのせる。好みでハーブやスパイスを添え、オリーブオイルをたらす。味をみて塩けが足りなければ、塩（分量外）をふる。
3　スプーンでヨーグルトときゅうりをザクザク混ぜながら食べる。

【ひとこと】
きゅうりとヨーグルトの組み合わせは体にもすっとなじみ、味的にも飽きません。無糖ヨーグルトの酸味は酢の代わりになり、塩やオリーブオイルで味つけすればドレッシングにもなります。レシピはスープとしていますが、きゅうりの量を増やしてヨーグルトと和えればサラダにもなります。

【お悩み】
最近は節分に恵方巻を食べますが、私が幼い頃はイワシを食べていました。
孫にも食べさせたいのですが、煮付けにすると嫌がります。
子どもでもイワシをおいしく食べられる方法を教えてください。
(奈良県・女性)

子どもでもおいしく食べられるイワシ料理とは？

オイル煮にして食べやすくしてパスタに、サラダにアレンジ！

小さな子どもたちにも魚を食べてほしい、好きになってほしい。私もそう思いながら子どもたちへの魚レシピを考えてきました。特にお悩みにある煮つけは骨があって食べにくい、生ぐささを感じるなどの声をよく聞きます。苦手意識からそういう意見が出るのでしょう。ならば、洋風な味つけにしてみてはどうかと思い、オイル煮を作ってみました。これは一度作っておけば日もちします。パンにはさんでサンドイッチにしたり、パスタの具にしたり、野菜と合わせてサラダにしたりといった身近な料理にイワシを組み合わせると、どうやら抵抗なく食べられるということをわが娘や友人たちの反応から身をもって知りました。

また、イワシを子どもたちといっしょに手開きにして作れば、魚を身近に感じて興味をもってくれるかもしれません。実際、友人のお子さんがそうでした。魚は苦手といっていたけれど、小魚をさばいたり、釣りを楽しんだりするうちに一気に魚好きになって、家へ遊びに来るときは珍しい地魚をさばいてみたいと、いっしょに市場へ行くのが恒例になっています。

オイル煮は魚の生ぐささを除くために、香りや旨みのあるにんにく、フレッシュハーブ、オリーブオイルを加えて仕上げます。イメージはツナ缶。ツナはマグロやカツオで作りますが、安価で手に入りやすいイワシは火通りも早いので、時短料理でもあるんですよ。

イワシのオイル煮

材料（作りやすい分量）

イワシ　4尾

塩　イワシの重さの1％分

オリーブオイル　適量

にんにく（薄切り）　2片分

フレッシュハーブ（オレガノ、タイムなど好みのもの）　適量

作り方

❶　イワシは三枚におろす、または手開きにし、内臓を取り除いて流水で血を洗い流す。ペーパータオルで水けをよくふき取り、重さを計って塩をふって10分ほどおく。

❷　フライパンに隙間なく①のイワシを並べ、浸るよりもやや少なめにオリーブオイルを加える。にんにくとハーブをちらして火にかける。沸々してきたら火を止め、ふたをして余熱で火を通す。

❸　粗熱が取れたらオイルごと密閉容器に移し、冷蔵庫で保存する。

★　密閉容器に入れ、冷蔵庫で1週間ほど保存可。

★　イワシを浸したオイルやにんにくは、すてずにソースやドレッシング、炒めものなどに使ってください。

【ひとこと】

イワシをオイルに漬けた状態で保存するので、密閉容器はホーローやガラス製のものを使用することをおすすめします。プラスチック製のものに比べ、においや汚れがつきにくく、落としやすく、片づけがラクチンです。

〈イワシのオイル煮スパゲッティの材料と作り方〉

❶　沸騰した湯に塩を適量加えてスパゲッティを好みの加減にゆでる。

❷　フライパンに薄切りにしたにんにく（オイル煮のにんにくを使っても）とオリーブオイル各適量を入れ、火にかける。いい香りがしてきたら①のスパゲッティをゆで汁を軽くきって加え、からめる。

❸　②にイワシのオイル煮を好みの量加え、ざっと和える。味をみて足りなければ、スパゲッティのゆで汁や塩、しょうゆなどでととのえ、仕上げに刻んだイタリアンパセリを適量ちらす。

【お悩み】
毎年、夏になると大葉のさっぱりとした風味を存分に味わいたくなります。
薬味に少し使うだけでなく、大葉がメインになるようなおかずレシピが知りたいです。
（和歌山県・女性）

大葉の風味が存分に味わえるレシピが知りたいです。

いろいろな料理によく合う、爽やかな万能ソースをどうぞ。

薬味にはもちろん、さまざまな料理に使える大葉は、夏の食卓に欠かせない存在ですよね。肉や野菜と炒めたり、みそと炒め合わせてご飯のお供にしたり、1枚ずつ天ぷらにしたり、かき揚げの具材としてもおすすめです。チャーハンや焼きそばに加えると、さっぱりとした仕上がりに。しょうゆ漬けにしておけば、炊き立てのご飯によく合います。ぜひ、大葉が安くておいしい時期に、いつもの料理に加えてみてください。

大葉は茎を少し切ってから瓶に茎を下にして立てるように入れ、茎の先が浸かるくらいの水を加えてふたを閉め、冷蔵庫で保存しています。こうすると葉先までピンとした状態を1週間ほど保てます。使うときは、必要な分だけ瓶から出して、そのつど水を入れ替えます。

ご紹介する大葉が主役といっても過言ではないこのソースは、香りのいい旬の大葉でしか作れませんので、庭先に大葉がたくさん茂っている方や大葉の大袋を買われた方は、ぜひご活用ください。ひと瓶作っておけば、パスタやうどん、そうめんなどの麺にからめたり、炒めたり、ゆでたりした肉や魚、イカ、エビにかけるだけでごちそうになります。炊き立てのご飯に混ぜれば、緑鮮やかなピラフ風になりますよ。

涼しげな濃い緑とすーっと鼻に抜ける爽やかな香りが、真夏の暑さを吹き飛ばしてくれるはずです。

ホタテのグリル大葉ソースがけ

材料（2～3人分）
ホタテ貝柱　300g
塩・粗びき黒こしょう　各少々
大葉ソース（下記）　大さじ4

作り方
1　ホタテはペーパータオルで水けをふき取り、塩、こしょうをする。グリルパンや網焼き器、または魚焼きグリルなどでさっと両面焼く。
2　フライパン、または鍋に大葉ソースを入れ、火にかけて温める。
3　②に①を加えてさっとからめる。

大葉ソース

材料（作りやすい分量）
大葉　150g
A
　にんにく（薄切り）　1片分
　松の実　40g
オリーブオイル　約1カップ
塩　約小さじ⅓

作り方
1　ミキサーに大葉¼量とA、オリーブオイル½カップを入れ、攪拌する。ペースト状になったら、残りの大葉とオリーブオイルを少しずつ加えながら、さらになめらかなペースト状になるまで攪拌する。
2　塩を加えて混ぜる。
★ 煮沸消毒した瓶に詰め、冷蔵庫で保存可。2週間ほどで使いきってください。

【ひとてま】
大葉ソースは、使う量に応じて加減して作ってください。日持ちはしますが、フレッシュなうちがおいしいので、一度に作りすぎないようにしましょう。
ミキサーがない場合は、包丁で大葉などの材料を細かく刻み、塩とオリーブオイルを合わせながら、混ぜ合わせていきます。時間はかかりますが、すり鉢で作ってもいいですよ。

【お悩み】

私は、「飲む点滴」と呼ばれる甘酒が大好きです！

毎日飲んでいるのですが、同じ味に飽きつつあるので、甘酒のおいしい飲み方やお料理への活用法などを教えてください。

(京都府・女性)

甘酒の飲み方のバリエーションや料理などへの活用法が知りたいです。

豆乳やヨーグルトで割って味変。黒ごまやレモンはアクセントに。

私も甘酒が大好きです。数年前に麹屋さんでいただいた甘酒がとてもおいしくて、自分でも作るようになりました。

ヨーグルトメーカーなら手軽に作れると聞き、さっそく作ってみると、本当に簡単！夜寝る前に麹と水を入れてボタンを押すだけで、翌朝には甘酒ができているのです。でき立てはほんのり温かく、それもまたうれしいポイント。

最初はそのまま飲んで、グラスが半分くらい空いたら豆乳で割るのが気に入っています。豆乳は甘酒と合わせると、独特のクセが和らいで飲みやすくなりますよ。残った甘酒は冷蔵庫で保存して、おやつ代わりにどうぞ。ヨーグルトを入れたり、黒ごまをトッピングしたり、レモンを搾ったりするのもおすすめです。

甘酒は調味料としても使えます。料理酒やみりん、砂糖の代わりに入れると、肉はやわらかくなり、煮ものは味がよく染みます。みそと合わせて切り身の魚にぬり、ひと晩おけばみそ漬けに。魚がふっくら焼けます。

まずは、市販の麹甘酒でアレンジドリンクからお試しください。暑い日には冷やして、寒いときには温めた甘酒を1杯飲んで、体をととのえたいものですね。

甘酒

材料（作りやすい分量）

麹・水　各適量（1:1の割合。量はヨーグルトメーカーの容器に合わせて）

作り方

1　ヨーグルトメーカーの専用ボトルに、麹と水を同量ずつ入れる。60°Cで8～10時間、加温する。

★　麹の種類や分量、発酵時間を変えると、味にはっきりと変化が出てきますので、調整しながら好みの味をみつけてください。

★　ヨーグルトメーカーがない場合は、市販の麹甘酒でアレンジをお楽しみください。

アレンジドリンク（3種類）

材料（すべて各適量）

アレンジ1

甘酒＋豆乳

アレンジ2

甘酒＋豆乳＋黒すりごま（トッピング）

アレンジ3

甘酒＋無糖ヨーグルト
＋レモン（トッピング）

作り方

1　甘酒に豆乳、またはヨーグルトを加える。

2　お好みで黒すりごま、またはレモンをトッピングする。

★　甘酒と豆乳の割合、トッピングの量はお好みで調整してください。

【ひとこと】

ヨーグルトメーカーがあれば難しい温度管理もお任せで大丈夫。お米や餅米を入れる作り方もありますが、麹と水だけで作ります。麹が残ったら、生麹は冷凍保存を。乾燥麹も開封後は冷蔵庫に入れて、早めに使いきりましょう。

酒粕で作る甘酒はアルコールが気になりますので、お子さんやお酒が弱い方には麹甘酒をおすすめします。

【お悩み】

毎年、栗ご飯を作りたくて栗を買おうか迷うのですが、1個ずつ皮をむく苦労を考えると躊躇してしまいます。

でもやっぱり、秋には炊き立ての栗ご飯が恋しいです。簡単なむき方と栗ご飯の作り方を教えてください。

（京都府・男性）

栗のむき方と栗ご飯の作り方を教えてください。

渋皮が残っていても大丈夫。コツを覚えれば、お手軽です。

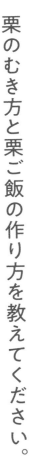

栗のむき方は、コツさえつかんでしまえば簡単です。ただ、こういう作業は慣れた頃に終わってしまうものですので、ぜひ一度きりで終わらせずに、旬のうちに何度かむいてみてください。手が覚えたら、来年以降はラクラクです。
まず、栗は皮につやがあり、どっしりと重いものを選びましょう。買ってすぐに作業ができないときは冷蔵庫に入れて冷やしておきます。そうすると栗が寒さに耐えるために甘みを蓄えると、栗農家さんに教えていただきました。とはいえ、長い間放置しておくと味が落ちてしまいますので、気をつけて。
今回ご紹介する栗ご飯はしょうゆ味にしました。ご飯に色がつきますので、渋皮は多少残っていても大丈夫。きれいにむく必要はありません。きれいにむこうとするあまり、栗が小さくなってしまっては元も子もありません。個人的には渋皮の色がご飯に移ったほうが色よく仕上がり、気に入っています。米に餅米を合わせて炊くと、餅米の粘りが栗を包み込んでくれるので、栗とご飯がバラバラにならず、よくなじみ、冷めてもパサつきません。わが家では多めに炊いて、炊き立てを冷凍し、ひとりのときにも栗ご飯を楽しんでいます。

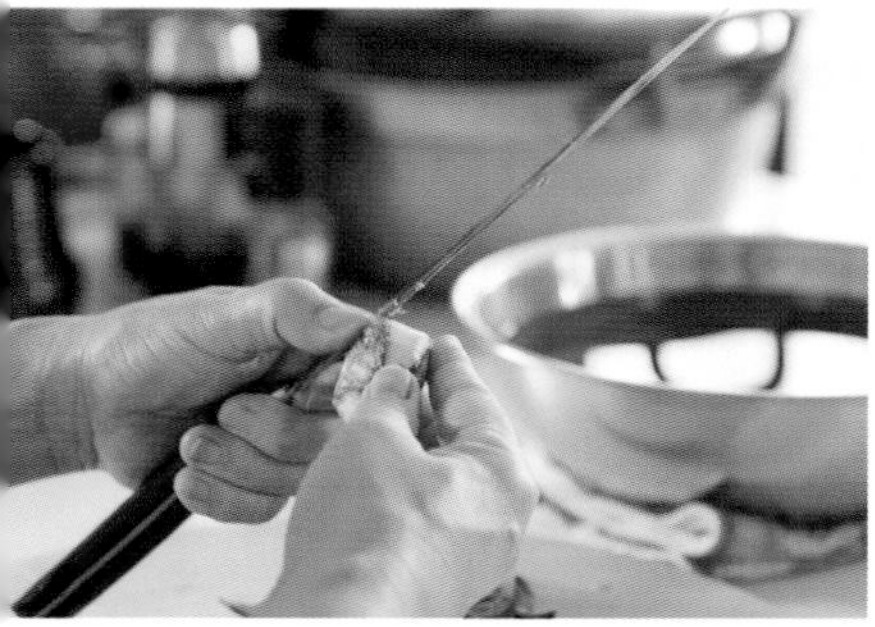

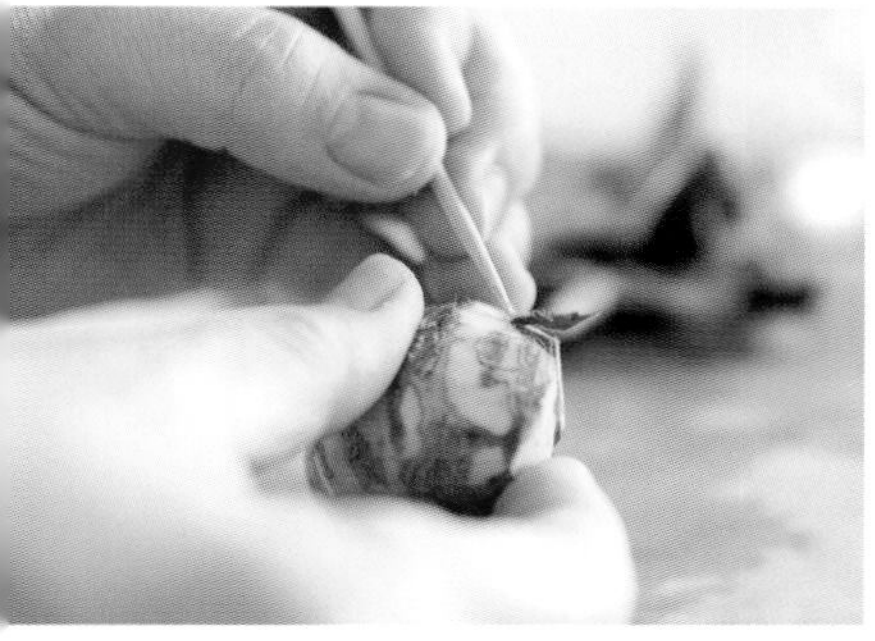

栗ご飯

材料（4人分）

栗　500g（正味約300g）

米　1と½合

餅米　½合

A

- 酒・しょうゆ　各大さじ1
- 塩　小さじ½

作り方

1 米と餅米は合わせてとぎ、ざるに上げる。炊飯器に入れ、2合の目盛りまで水を加え、1時間ほど浸水させる。

2 栗は熱湯に15分ほど浸け、鬼皮をむく。中の渋皮はところどころ残してむく。竹串を使って筋を取り除き、15分ほど水に浸ける。

3 ①にAを合わせて加え、ひと混ぜする。水けをきった②の栗をのせ、普段通りに炊く。十分に蒸らし、しゃもじでさっくり混ぜる。

【ひとてま】

栗はむく前に熱湯に浸け、外側の鬼皮をやわらかくします。ざらりとした下の部分を薄く切り、そこから皮をめくるようにして包丁でむくとスムーズです。むいている間に湯が冷めたら、熱い湯を足します。冷めてしまうと鬼皮はもちろん、中の渋皮もかたくなるので、湯でふやけた状態にするとむきやすくなります。

【お悩み】

最近、スープ作りにはまっています。

毎日いろいろなレシピを試すのが楽しくて、料理のおもしろさにも目覚めました。今はダイエットをしているので、野菜をいっぱい使った、食べごたえのあるヘルシーなスープの作り方が知りたいです。

(佐賀県・女性)

食べごたえがあってヘルシーなスープの作り方を教えてください。

根菜やきのこ類を使って食物繊維をたっぷりと。

スープの献立は私も大好き。野菜がたっぷりとれる具だくさんのスープは、ご飯またはパンと合わせるだけで立派な一食になるところがいいですよね。

具材の組み合わせは限りなく、具の切り方以外に、和風、洋風、鶏のだしで中華やエスニックにもできます。これに調味料をどう組み合わせるかを考えれば、レシピは無限大です。

秋冬でしたら、旬の根菜やきのこ類をたっぷり使ったいも汁がいいですよ。このレシピは、歯ごたえがいい、ねっとりとやわらかい、しっとりみずみずしいなどといった、それぞれの食材のもち味を生かしつつ、さらにそこに旨みたっぷりの牛肉を合わせたもの。

スープを作るときは、冷蔵庫のお掃除も兼ねて半端な野菜も鍋に放り込み、具だくさんにします。余力のあるときにはそれをポタージュにしたりも。玉ネギや長ネギなどの香味野菜を少しと、とろみとなるじゃがいもやご飯、パンなどもほんの少し加えて煮て、ミキサーで攪拌してから牛乳や豆乳、だしなどでのばせばでき上がりです。

市販のだしやスープの素を使う場合は、最初から入れずにしっかり素材の旨みを煮出してから味をみて、足りなければ市販の素を加えるといいです。そのほうが素材の旨みがよく出るようです。

いも汁

材料（4人分）

A

- 牛切り落とし肉　150g
- ごぼう・大根・しめじ　各100g
- れんこん・にんじん　各80g
- 里いも　4個
- こんにゃく　80g
- 厚揚げ　½枚

長ねぎ（小口切り）　少々

油　小さじ2

昆布だし　4カップ

塩　小さじ½

薄口しょうゆ　小さじ1

作り方

1　Aはすべて食べやすい大きさに切る。ごぼうとれんこんは切ってから、水に5分ほどさらす。こんにゃくは下ゆでしてから切る。里いもは下記の「ひとてま」を参照。

2　鍋に油と①を入れ、軽く炒め合わせる。全体に油がまわったら昆布だしと塩を半量加えて煮る。

3　野菜がすべてやわらかく煮えたら、薄口しょうゆと残りの塩で味をととのえ、長ねぎを加える。

【ひとてま】

里いもは皮ごとよく洗って泥を落とし、皮を乾かしてからむくとすべらず、むきやすい。皮をむいたら塩適量をふってゴロゴロ混ぜて10分ほどおき、水洗いしてから乾いたふきんで表面をゴシゴシこすると、ぬめりが取れます。皮をむいた里いもは冷凍しておくと便利。解凍せず煮汁に入れて煮込んでOK。冷凍することで繊維がくずれて、よりやわらかく煮えます。

【お悩み】
孫がいも掘りに行ってきて、大量にさつまいもを持ち帰りました。
蒸かしたり大学いもにしたりしましたが、おやつばかりでは消費しきれません。
「おかず」としてアレンジができるレシピはありませんか？
（徳島県・女性）

さつまいもがご飯に合うおかずになるレシピはありますか？

さつまいもは、晩ごはんのおかずになります！

いも掘り、懐かしいですね。私自身も幼稚園や小学校でいも掘りをした思い出がありますから、子どものいも掘り体験は伝統的な行事といってもいいでしょう。

お悩み同様、私の母も弟、妹、私の3人がそろって掘ってきたものですから、流しに入った大量のさつまいもを前に、どうしたものかと考えていた姿を覚えています。まずは焼いたり、蒸したりして食べ、スイートポテト、天ぷら、レモン煮、ポテトサラダ風、ポタージュスープ、それでも食べきれずにご近所の方におすそ分けしていました。

さつまいもは甘みがあるのでおやつのイメージがありますが、意外としょうゆ味が合うので、芯までしょうゆの色が染みるくらい、こっくりと煮るのもひとつの手。薄切りにしたさつまいもとコンビーフを合わせて耐熱皿に入れ、生クリームをかけ、チーズをのせてオーブンで焼けば即席のグラタンにもなります。さつまいもに薄切りの豚肉を巻きつけて天ぷらにするのもおいしいですし、残ったら甘辛く煮つけても。

いろいろ試して、旬の甘みと、ホクホク、ねっとりとした口当たりを存分に味わってください。さつまいもがこんなにおいしくて食べ方のバリエーションも幅広いということを、子どもたちにも伝えていきたいですね。

鶏肉とさつまいもの甘辛煮

材料（4人分）

鶏もも肉　1枚（約250g）

塩　小さじ⅓

さつまいも　2本（約300g）

A
- 酒・砂糖　各大さじ1
- 水　2カップ

しょうゆ　大さじ2

作り方

1. 鶏肉はペーパータオルで水けをしっかりふき取る。余分な脂を取り除いてひと口大に切り、全体に塩をなじませる。
2. さつまいもは皮ごとよく洗い、ひと口大の乱切りにする。たっぷりの水に浸し、水が白くにごるくらいまでおく。
3. 鍋に①、水けをきったさつまいも、Aを入れ、火にかける。沸々してきたら、弱めの中火にして落としぶたをし、さらにふたをして10〜15分ほど煮る。
4. さつまいもにスッと串が通るくらいやわらかくなったら、しょうゆを加える。ふたを取って強めの中火にし、煮詰めるようにして味を含ませる。

【ひとてま】

さつまいもは皮ごと調理します。皮がついていたほうが見た目の色合いもよく、皮の食感と旨みも味わえますし、煮くずれ防止にもなります。切ったらたっぷりの水に浸して、水が白くにごるまで10〜15分を目安にアク抜きをしてください。アク抜きをすることで、さつまいもに調味料の味がしっかりと染みるようになります。

【お悩み】

毎年冬になると紹介される、飛田さんの鍋料理が楽しみです！　新しい鍋のレシピを教えてください。

（秋田県・女性）


大好きな春菊を料理に使うと、いつも脇役になってしまいます。春菊が主役になるレシピはありますか？

（京都府・女性）

新しい鍋料理と、春菊が主役になる料理を教えてください。

葉と茎を分けて調理し、旨みと食感を味わい尽くします。

寒さが厳しくなってくると、鍋の季節がやってきたなと思います。鍋は野菜をたっぷり食べられますし、準備や後片付けもラク。何より食卓で調理をするので、作り手もいっしょに熱々の煮えばなを食べられるのがいいところです。

わが家でもよく鍋をしますが、ワンパターンになると家族が飽きてしまいますから、具材となる野菜やだしを変えたり、薬味を何種類かそろえたりと、味に変化をつける工夫をしています。

リクエストにおこたえした春菊が主役の鍋レシピは、春菊をたっぷり2束用意してもあっという間に食べられるもの。ポイントは葉と茎に分けること。食感の違いを味わえるので、鍋以外の料理でもよくこの方法を取り入れています。葉はやわらかければ生のままサラダとして食べてもおいしいですし、茎はさっとゆで、ごまやおかかと和えて小鉢にします。

このレシピにタレはありません。だしにしっかり味をつけ、具材にそのだしをまとわせて食べるので必要ないのです。レシピのだしと調味料の割合は目安にしていただき、ご自身の鍋の大きさに合わせて作ってみてください。食べすすめながら具材を足し、途中で豆乳を加えたり、唐辛子や柚子こしょう、柑橘類を搾ったりして味の変化を楽しむのもおすすめです。

春菊鍋

材料（3〜4人分）
春菊　2束
エリンギ・えのきたけ
　各1パック
牛肉（しゃぶしゃぶ用）　300g
昆布だし　約6カップ
塩　約小さじ1
薄口しょうゆ　約大さじ2
ナンプラー、または魚醤
　あれば適宜

作り方
1　春菊は葉を摘み取る。春菊の茎、エリンギ、えのきたけは食べやすい大きさに切る。
2　鍋に昆布だしを入れ、火にかける。煮立ったら塩、薄口しょうゆ、ナンプラー、または魚醤で好みの感じに味をつける。
3　春菊の茎、きのこを加えて煮る。牛肉、春菊の葉も加え、火が通ったところから食べる。
★　七味唐辛子、柚子こしょう、柑橘類の果汁などは、食べるときに各人、好みで加えてください。
★　だしや調味料の量は、使用する鍋の大きさや好みで調整してください。
★　だしが薄まったり、煮詰まったりした場合は調整してください。

【ひとてま】
　春菊は葉と茎に分けることで、火の通り方、食感が異なります。まずは冷水に浸して葉をパリッと元気にさせてから調理すること。茎は先にだしに入れて煮て、葉は肉といっしょにしゃぶしゃぶして食べます。くぐらせるタイミングでシャキッとした歯ごたえや、しんなりとしたやわらかな葉の食感も楽しめます。

【お悩み】

ハロウィンにかぼちゃ料理を作りたいのですが、かぼちゃはかたくて切りにくく、丸ごと買うともて余すこともあり、苦手です。

この苦手意識を克服できる調理法を教えてください。

（東京都・女性）

かぼちゃの苦手意識を克服する調理法が知りたいです。

かぼちゃは一気に下ごしらえしましょう。

かぼちゃは皮がかたくてむきにくいからか、敬遠される方も多いですね。相談者の方と同様、丸ごと買うともて余すので、カットしているものを選ぶという声もよく聞きます。

カット済みのかぼちゃは水分が抜け、素材本来のおいしさが逃げてしまっていることもあるので、買うときは切り口、種、ワタの様子をみて選びましょう。鮮度が大切！

1個丸ごとのものを買った場合は、一気に塩ゆでしたり、蒸してからつぶして塩味をつけたり、甘辛く煮つけるなどした調理をしてから保存するのがおすすめ。いずれもそのまま食べてもいいですし、つぶしてペースト状にすればポテトサラダ風に、牛乳や豆乳、だしでのばせばポタージュスープに、小麦粉を加えて練り混ぜてゆでれば、すいとんやニョッキにもなります。つぶさずに蒸したものをそのままカレーの具にしてもおいしいですよ。

娘がまだ幼かった頃は、蒸したかぼちゃをつぶしてバターと合わせたものをパンにはさんで、よくおやつに食べさせていました。これは、私の好物でもあります。

最後に丸ごとかぼちゃの切り方を。包丁の刃先をかぼちゃに刺すようにして入れ、切ります。中はワタと種でほぼ空洞ですから、この、少しずつ刺しては切るを繰り返すことで中に空気が入り、切りやすくなります。

かぼちゃコロッケ

材料（約10個分）

かぼちゃ　½個（約800g）
塩　小さじ⅓
玉ネギ（粗みじん切り）
　1個分（約150g）
ツナ缶　1缶（約70g）
バター　大さじ1
黒こしょう　適量
小麦粉・溶き卵・パン粉
　各適量
揚げ油　適量

作り方

1 かぼちゃは種とワタを除き、皮はそぐようにところどころむいて、ひと口大に切る。

2 鍋に①とかぶるくらいの水を入れ、塩を加えて火にかける。沸騰したら落としぶたをして、弱めの中火にして10分ほど煮る。

3 串がスッと通るくらいまでやわらかく煮えたら、汁けをきって鍋中でつぶす。

4 フライパンに玉ネギとバターを入れ、透き通るまで炒める。

5 ③に④と、汁けをきったツナを加え、黒こしょうをふって混ぜ合わせる。ピンポン球くらいのひと口大に丸めて、小麦粉、溶き卵、パン粉の順に衣をつける。

6 170°Cの揚げ油でこんがりときつね色になるまで揚げる。好みでソースなどをつけて食べる。

★ コロッケの形はお好みで。小さめの球形に丸めると衣がつけやすく、揚げやすいのでおすすめです。

【ひとてま】

かぼちゃを切るコツは、平らな面を下にして動かないように安定させてから、体重をかけて切ること。やや長めの包丁が切りやすくておすすめです。どうしてもかたくて切れないときには、電子レンジで丸ごと軽く温めてみてください。写真のように、皮はそぐように切り落としていくとラクです。

【お悩み】

たくさん採れた大根が余ってしまい、干し大根に。おいしく食べきれるレシピを教えてください。

（青森県・女性）


まとめて作りおきすればいろいろな料理に使いまわせるような、便利な常備菜が知りたいです。

（兵庫県・女性）

旬の野菜で便利に使える常備菜を教えてください。

旬の野菜を、切って干すだけ。常備菜にして、余すことなく召し上がれ。

空気が乾燥してくる真冬は、わが家ではよく干し野菜を作ります。旬の大根や白菜を丸ごと買ってすぐに食べない分は、新鮮なうちに干し野菜にしましょう。

作り方は、晴れた日に切った野菜を広げて干すだけ。野菜が多少重なっていても大丈夫。半日もあれば、水分が抜けて驚くほど縮みます。1キログラム程度の大根が、カラカラに干し上がると60グラムほどに。ここまで干すには2、3日かかりますが、かさも減るので無駄なく食べきることができます。乾燥剤といっしょに保存瓶や食品用保存袋に入れ、冷暗所で保存も可能です。表面が乾く程度や切り口が波打つ程度に半干しした野菜は2~3日ほど、しっかり干した野菜は2週間ほど保存可能です。干し具合で味わいも変わるので、いろいろお試しくださいね。

冬大根以外で作ると、たまに辛くなることがあります。そんなときはさっとゆでて、干し直して辛みを抜くか、辛みを生かした炒めものに。

市販の切り干し大根は、開封するとすぐに味が落ちてしまうため、一度に1袋全量を調理して。味を変えて2~3種類のおかずを作れば、食べ飽きることもありません。自家製も市販も、切り干し大根はおいしいうちに味つけしましょう。

切り干し大根の炒め煮

材料（3〜4人分）
切り干し大根　60g
にんじん　30gくらい
油揚げ　½枚
油　大さじ1
A
　だし　約2カップ
　酒・しょうゆ　各大さじ1
　砂糖　小さじ2
　塩　適量

作り方
❶　切り干し大根はたっぷりの水に入れ、10分ほどおく。やわらかくなるまでもどしたら食べやすい長さに切る。
❷　にんじんと油揚げは細切りにする。
❸　鍋に油と軽く水けをしぼった切り干し大根、②を入れて火にかけ、炒め合わせる。油が全体になじんだら、Aを加えて弱めの中火にして味を含ませながら煮る。煮汁が少なくなり、切り干し大根がやわらかくなったら火を止め、そのまま鍋中でさらに味を含ませる。
❹　もう一度火にかけ、味をみて足りなければ塩（分量外）でととのえる。

切り干し大根のサラダ

材料（2〜3人分）
にんじん　約40g
塩　にんじんの重さの約1％分
切り干し大根　約60g
ナンプラー、
　または魚醤　小さじ1
ごま油　小さじ2
香菜　あれば適量

作り方
❶　にんじんはせん切りにする。塩をなじませ、水けが出るまでおく。
❷　切り干し大根はたっぷり水をはったボウルの中でもみ洗いして水けを軽くしぼり、食べやすい長さに切る。
❸　水分がしたたらない程度に①をしぼって②と合わせ、ナンプラーとごま油を加えて和える。味をみて足りなければ塩（分量外）でととのえる。あれば香菜を刻んで添える。
★　サラダにする切り干し大根は、水でもどさずにもみ洗いをすることで、歯ごたえのあるサラダになります。
★　切り干し、にんじんともに水けをしぼりすぎないこと。

【ひとてま】

切り干し大根の形はせん切り、細切り、半月切り、いちょう切り、輪切りなどお好みで。ただ、厚く大きく切ると、そのぶん干し時間が長くなります。また、皮つきだと少し乾きにくいので、皮だけ別に干すのもひとつの手です。葉も、生のままだと傷みやすいので、すぐに調理ができないときは、干してから刻んで椀ものに入れたり、ご飯に加えて菜飯にしたりするといいですよ。

【お悩み】

毎年、お正月に親戚の家でお餅つきをしています。たくさんもらって帰るのですが、最初のうちはお雑煮や焼き餅でおいしく食べられるものの、やっぱりだんだん飽きてきてしまいます。

余ったお餅を最後までおいしく楽しめる、アレンジ方法を教えてください！

（大阪府・女性）

余ったお餅をおいしく食べるアレンジを教えてください。

お餅をカラッと揚げて、あんかけに!!

家にお餅が余っているなんて、餅好きの私にはうらやましいお悩み！　しかも手作りのお餅は格別ですから、きっととてもおいしいのでしょうね。日もちのする真空パックのお餅と違って、すぐにカビが生えてしまうので、ひとつずつラップで包んで冷凍しておきましょう。そうすれば保存もききますし、使う際も、解凍せずにそのまま焼いたりゆでたりできるので便利です。

お餅というと、あんこや、のり、バターじょうゆなどが定番ですが、意外と和洋中どんな料理とも相性がいい。小さく切ったり揚げたりして、汁ものやおかずに加えてみてください。うどんやラーメン、おみそ汁や豚汁、お鍋の具にすると、とろっとしていつもと違う味わいが楽しめますよ。

ただお餅を加えるのではなく、まずは揚げてからあんかけにするとまた違ったおいしさが味わえます。お餅を素揚げして、野菜たっぷりのあんをかければ完成。レシピでは八宝菜風にしていますが、シンプルに具材はもやしだけでもいいですし、年末年始の料理で余った野菜を使えば、冷蔵庫をすっきり一掃できるのもいいところです。お餅を干して揚げれば、おかきとしても楽しめます。

揚げ餅のあんかけ

材料（2人分）
豚肩ロース薄切り肉　80g
白菜　約1/16個（約100g）
小松菜　2株
にんじん　1/4本（約25g）
干ししいたけ（水でもどす）　2枚
きくらげ（水でもどす・大）　1枚
長ネギ　15cm分
しょうが（せん切り）　1かけ分
うずらの卵（水煮）　4個
酒・しょうゆ　各小さじ1
A
　ナンプラー　小さじ1/2
　しょうゆ　小さじ1
　塩　ふたつまみ
水溶き片栗粉
　片栗粉大さじ1を倍量の水で溶いたもの
油　小さじ1
ごま油　小さじ2
餅　4個
揚げ油　適量

作り方
1　肉、野菜類、きのこ類は食べやすい大きさに切る。
2　酒としょうゆを合わせ、肉に下味をつける。
3　深めのフライパン、または鍋に油と②を入れて火にかけ、炒める。ほぼ火が通ったらいったん取り出し、油を少し（分量外）足し、野菜類ときのこ類、しょうがを加えて炒める。
4　全体に油がまわったら、③に水1/2カップを加える。肉を戻し入れ、うずらの卵を加える。煮立ったらAを加え、水溶き片栗粉でとろみをつけてごま油をまわしかける。
5　餅は半分に切り、180°Cの揚げ油でこんがりと揚げる。油をきって器に盛り、揚げた餅が熱いうちに④のあんをたっぷりかける。
★　あんが冷めていたら温め直してから餅にまわしかけてください。

【ひとてま】
このレシピは、順序よく作ることが大切。最初に野菜のあんを作っておいてから、お餅を揚げます。こんがり揚がったら、手早く野菜のあんにもう一度火を入れて温め、揚げ立てのお餅にかけます。冷めるとお餅がかたまってしまうので、でき立ての熱々をかけてください。

「台所の相談室」一問一答

みなさまからいただいた台所にまつわる質問プラス、お問い合わせが多かった梅仕事についてもさらにいくつかお答えいたしますね。日々のことですから気楽に。それが一番。楽しく台所時間をすごしてください。

【調理編】

Q せん切りがどうしてもうまくできません。コツがあれば教えてください。

A まずは技よりも道具を見直してみましょう。切れる包丁、当たりのよいまな板をお使いですか。道具がよいとほぼコツはいりません。あとはひたすら切るのみです。私もときどき自宅ではないところで切る作業がありますが、道具が合わないと嫌いになりそうなくらいせん切りができません。

Q 乱切りをしていると途中でどんどん形がおかしくなります。均等に切るにはどうすればいいでしょうか。

A 端から端まで均一な太さの野菜はありませんから、均等にならなくて当然で、それでいいんです。お店などは見た目をよくするため、統一するためにかなり破棄する部分が多くなります。家庭料理ですから、無駄なく、端の端まで使って形がバラバラになってもおおいにけっこうなことと思いますよ。

Q ご飯が余ったら、おにぎりにしてラップして冷凍するのですが、解凍するとおいしくありません。ご飯をうまく冷凍する方法があれば教えてください。

A ご飯が温かいうちに蒸気ごと包むのがコツですので、おにぎりの場合も温かいうちににぎってすぐにラップがいいですね。レンチンする場合は温めたらすぐに食べること、レンチンしてしばらくおくと味は落ちます。蒸し器にしてみるなどご納得できる方法を探してみてください。

Q オイスターソースや魚醤は、ほかの調味料で代用できますか。わが家では定番以外の調味料を買う習慣がないのですが（余らせてしまうから）、レシピの味を再現したいです。

A 代用すれば、代用した調味料の味つけとなりますので、レシピの再現にはなりません。別の味の仕上がりとなりますが、それがおいしいとなればそれでよいと思っています。定番以外の調味料に挑戦いただき、そしてどんどん積極的に使っていただくと味の幅が広がっていきますから、ぜひ楽しんでもらいたいなと、提案し続けておりますよ。

Q 魚を開くとき、背開きと腹開きがありますが、どちらがいいのでしょうか。こんな料理のときは背開きがいい、など何か基準があれば教えてください。

A ないない、ないです。どちらでもいいんですよー。やりやすい方法をとってください。誰かにお見せするわけでもない家庭料理。プロセスは台所に立つ人がやりやすく、納得できるやり方で作ればよいと思うのです。魚は時間をかけてさばくと味が落ちますから、手早くできる、より短時間でさばける方法でおいしく食べてください。

● よくレシピに書かれている「適量」がわからず迷ってしまいます。何か目安になる方法があれば教えてください。

A 私のレシピの場合の適量は好きなだけ、好みでの意味です。目安があるものに関しては数字を入れていますので、ご参考になさってください。

【素材編】

● よく使う野菜（玉ネギ、じゃがいも、にんじん等）を買うときの選び方を教えてほしい。

A どの野菜も新鮮なことが大前提です。玉ネギ、じゃがいもは売り場での保存状態がよいかどうか。皮にハリがあるか、つやがあるかなどみてください。にんじんは葉元の部分が黒ずんでいないかなどみてくださいね。

● しめじやえのきたけは洗ってから使ったほうがいいですか？きのこ類の扱い方は、いつも迷います。周りに聞いても人それぞれ。洗うとシャキシャキ感がなくなる気がするのですが、根っこの粉？が汚い気もして迷います。

A 私は洗わず使う派です。根元の部分を切るときにはていねいに、おが屑などが気になるときにはマッシュルームブラシや歯ブラシ（きのこ用に）などではらって調理にかかってください。やはり洗ったほうが安心という場合はそのように。ご自身の納得のいくやり方が一番です。

【道具編】

● 包丁は何本ぐらい買いそろえたらいいでしょうか。今は三徳包丁しかもっていません。

A 使いやすく、自分の手に合っているなら1本あれば十分です。魚をよくさばくなら出刃包丁があると便利ですし、野菜をたくさん切るようなことがあるなら菜切り包丁も、となるでしょうが、ご自身がどんな料理をするかにもよりますし、今不便なく台所仕事ができているなら、その1本を大事に手入れしながら使ってください。

● お料理はもちろんですが、いつも写真の食器が素敵だと思って拝見しています。食器を選ぶときの飛田さんのポイントがあれば教えてください。

A 好きだな、これに料理を盛りつけてみたいな、と思う器を買います。そろっていなくてもいいです。1枚のお皿でもひとつのお茶碗でも、いいなと思えば買います。旅先で買うものは思い出もいっしょに。あとはそのときに作る料理によっても選ぶものが違ってきますね。大皿料理が多かったときには大きな皿や鉢、ボウルがそろい、といった具合です。食器棚に納めた器から選んで料理を盛りつけるときの満足感も重要。器も大事だと思います。

【梅仕事編】

（梅シロップ）

Q 冷凍した梅を瓶に詰めるとき、梅は解凍せず凍ったままでよいのでしょうか。凍った梅が溶ける際に瓶が汗をかいてしまいそうで不安です。

A 凍ったままで入れてください。瓶に汗、これもまた早くシロップを出すための汗です。でもそれがご心配なら、冷凍せずに生の梅でじっくりシロップ作りをしてください。レシピに不安は禁物です。

Q 完熟した梅を入れてしまったため、瓶のなかで梅が割れて実が溶け出してきているようです。梅を取り除いたほうがよいですか。そのままでも大丈夫でしょうか。

A シロップが出るまではそのままで、取り出してはシロップができずに無駄になります。シロップがしっかりとできたら、梅を取り出し、実のくずれも気になるなら、シロップを濾していただければ透き通ったきれいなシロップになりますよ。

（ぽたぽた漬け）

Q 塩水に漬けていたら水が白くにごってカビが浮いてきたり、泡が出てきました。これは梅もすてなければいけないでしょうか。もしやり直しが可能であれば、方法を教えてほしいです。

A このような状況になったら、すぐに一度梅を取り出し、ぬるま湯でさっと洗ってアルコールをふきかけます。塩水を作り直してもう一度漬け直します。冷暗所の環境がない、カビがはえてしまったという場合は冷蔵庫に入れて、晴れの日を待って干してください。泡まで出てしまったら、発酵してしまったかもしれません。塩水漬けをやり直したのち、干した時点で少し食べてみて味がわるかった場合は残念ですが、あきらめてください。

Q 使用する酢は一般的な酢でよいですか？　おすすめの酢があれば教えてください。

A 安価な穀物酢でよいです。酢の味よりも梅の味が強く出ますので、特別な酢を使うのはもったいないです。酢よりも、よい梅を選んでくださいね。

Q いつも梅干しを作るときは重石をして作るのですが、このレシピには重石が出てきません。重石なしで大丈夫でしょうか？

A 梅干しとは違うので、重石はいりません。とてもやわらかく仕上がりますので、重石をするとつぶれてしまうのです。

「ハレの日のこと」

【お悩み】

孫が遊びに来ても、いつもの和食は「いや！」と食べてくれず、ご飯どきになると帰ってしまいます。

なるべく長い時間孫といたいので、いっしょにごはんが食べたいです。

小学生の孫も、私もおいしく食べられるお料理はありませんか？

（秋田県・女性）

孫といっしょにおいしく食べられるお料理はありませんか？

手で食べられるもの、好きに選べる、がポイント！

小さな子どものごはんは気を使いますよね。いつおなかがすくのかな、好き嫌いがあるのかなって。悩むこともありましたが、あるとき、子どもたちと好みの具をはさむサンドイッチパーティーをしてみたんです。手でつまみ、好きなものが選べるのがよかったようで、とても喜ばれました。それからはおかずを串に刺したり、いなりずしや手まりずしなど、手で食べるものを中心にある程度子どもたちが好きな味を選べるような料理を作っています。

ぜひ作ってみてほしいのは、巻きずし。何度か巻く練習をして、コツをつかんでしまえば大丈夫。事前に具材を用意したら、当日はご飯を炊いて子どもたちの前でえいっと格好よく巻くだけです。お孫さんといっしょに巻いて、自分自身が作った巻きずしを食べてもらえば、会話もさらにはずむことでしょう。

巻きずしの具材の組み合わせは挙げればキリがないほどたくさんあります。例えば、子ども好みに甘辛く炒めた肉とサラダ菜（P199の写真奥の巻きずしはこの組み合わせです）、ソーセージや唐揚げ、冷蔵庫にある焼き鮭の残りや佃煮、きんぴらもよく合います。家族が好きなものを自由に合わせたりするのも楽しいですし、全部手作りせずとも市販のお惣菜を巻いてもおいしく食べられます。ぜひ、楽しみながら作ってみてください。

定番具材の巻きずし

材料（4本分）

干ししいたけ　4枚
かんぴょう　10g
砂糖・しょうゆ　各大さじ2
厚焼き卵　卵2個分（市販でも可）
きゅうり　1本
三つ葉　1束
酢飯　2合分
のり　4枚
新しょうがの甘酢漬け（P88）　適宜

作り方

1　干ししいたけは水に浸してひと晩もどし（もどし汁はとっておく）、7～8㎜幅に切る。かんぴょうは水に10分ほど浸してもどしてから熱湯でゆで、20㎝ほどの長さに切る。

2　①を小鍋に入れ、干ししいたけのもどし汁をひたひたに加える。砂糖としょうゆも加え、落としぶたをして煮汁がほぼなくなるまで煮る。

3　厚焼き卵は1.5㎝角ほどの棒状に切る。きゅうりは縦8等分に切り、種の部分を切り落として、塩少々（分量外）をふってしばらくおき、ペーパータオルで水けをふき取る。三つ葉は熱湯でさっとゆでる。

4　巻きすにのりをのせ、奥3㎝ほどあけて酢飯（1/4量）を広げる。②と③の具材を真ん中よりもやや手前に順におき、巻く。巻き終わりを下にして、5分ほどおいて落ち着かせてから、食べやすく切る。同様にあと3本作る。

5　食べやすく切って器に盛り、好みで新しょうがの甘酢漬けを添える。

【ひとてま】

巻きずしのコツは、ひと巻き目をきつく巻くこと。具材をおいてぎゅっと強くひと巻きしたら、片手で巻きすをにぎりつつ、もう片方の手で奥側の巻きすをさらに奥へと引っ張ります。そうすると具材がまとまり、食べるときにばらついたり、こぼれたりもしません。前日の残りおかずを具材にして巻いた残りもの巻きずしは、わが家では朝食やお弁当によく登場するもの。巻きずしの作り方を覚えておくと何かと便利ですよ。

【お悩み】

休日や記念日など、料理を作って、妻にラクをさせてあげたいと思うことがあります。

でもずっと料理は妻の担当で、私はほとんどしたことがありません。

料理初心者でも作れて喜ばれるレシピや、感心してもらえるコツがあれば、ぜひ知りたいです。

(岡山県・男性)


妻へ感謝を込めて料理を作ってあげたいのですが。

気負わず、順序よく、まずは味なじみのある料理にトライ!

男性が台所に立つのはおおいに賛成! 料理初心者の方なら、食べたことがあるものから作ってみてください。特に最初に作るものはご自身の好物がいいですね。知ら

ない料理はレシピを見ても、これでいいのか不安になりがち。まずは自分のなじみの味から挑戦してみましょう。

わが夫はときどき台所に立ちますが、やはり初めての料理は「これでいいの？」「味見して」、わからない用語があると「どういう意味？」と質問攻めにしてきます（笑）。自分で作るほうが早いと、やきもきしますが、アドバイスをして、でき上がりを待つというのが常。次につなげられたらいいのですけれどね……。

さて、奥さまへの日頃の感謝とサプライズの意図も込めての料理は、まずは作るものを決めることから。できれば、練習日も設けられればいいですね。買い物リストからレシピ、器の準備までできればできたも同然。あとは練習あるのみです。

当日、「さぁできたよ」と食卓にお誘いすれば、わぁ！と驚き、喜んでくれるはず。

みんな大好きで、わが家でもよくリクエストされるミートソースは、なじみの味という点でも、作りやすいという点でも初めての料理向けだと思います。野菜を刻んでしまえば、あとは煮込むのみ。細かく切るのは少々大変ですが、この作業の重みを知る奥さまからは、きっとおほめの言葉が聞けるでしょう。ソースを煮込む間につけ合わせを作っておけば、一気に仕上がり、すぐに食卓に出せます。

そうそう、後片付けも忘れずに。最後のこの台所仕事も大事なポイントです。手際のよさも発揮し、日頃の感謝を伝えてください。

ミートソースパスタ

材料（2人分）
牛薄切り肉　150g
合いびき肉　300g
にんにく（大）　1片
玉ネギ　1個（約150g）
セロリ（葉も含む）　2本
トマト缶（ホール）　2缶
塩　適量
しょうゆ　小さじ2
小麦粉　大さじ1と½
オリーブオイル　大さじ2
スパゲティ（太め）　160g

★ 牛肉は切り落とし肉でもよいです。
★ ミートソースは4～5人分です。
★ ミートソースの残りはピザトースト、オムレツ、グラタンなどにも活用してください。

作り方
1　にんにく、玉ネギ、セロリはみじん切り、牛薄切り肉は細切りにする。トマト缶はボウルにあけ、手でつぶす。
2　厚手の鍋、または深さのあるフライパンにオリーブオイルとにんにくを入れ、弱火にかける。にんにくが香ばしくなるまで炒めたら玉ネギとセロリを加え、全体が透き通るまで炒め合わせる。
3　②に牛肉とひき肉を加えてさっと炒め、塩小さじ1をふってさらに炒める。
4　肉に火が通ったら小麦粉をふり入れ、なじませる。粉っぽさがなくなったら①のトマト缶を汁ごと加える。煮立ったら、ふきこぼれない火加減にし、ふたをして20分ほど煮込む。ときどき混ぜ、とろみがついてきたらふたを取り、中火にしてしっかりとろみがつくまで煮詰める。味をみてしょうゆと塩でととのえる。
5　塩を加えた湯でスパゲティを袋の表示通りにゆでる。ゆで汁をきって④のソースを適量からめ、器に盛る。好みで刻んだパセリ（分量外）をふる。

【ひとてま】
パスタとソースを和えたら、まずはパスタを高さを出して器に盛り、その上にソースをかけるとお店のような仕上がりになります。器は平らなものよりもやや立ち上がりがあるものがおすすめ。テーブルには取り皿や飲みもの、サラダ、バゲットを準備しておいてください。ゆで上がりが一番おいしいので、その頃合いに家族を案内して、さぁ乾杯。

【お悩み】

子どもたちが巣立ち、夫とふたりきりになったクリスマス。大皿料理を作ると余るし、脂っこいメニューはつらいし、かといって普段の料理では味けなくて寂しいし……。50、60代夫婦のクリスマスにぴったりなメニューを教えてください。

（神奈川県・女性）

50、60代、夫婦ふたりのクリスマスメニューを教えてください！

ヘルシーな鶏肉とカラフル野菜や器使いでクリスマス感アップ！

私も50代後半になり、同じような悩みを抱えながら台所に立っています。ただ、毎日あっさりしたもの、シンプルな料理ばかりではやはり味けなくなって、作るのも食べるのもおっくうになりがちです。

そんなときこそ、クリスマスのようなイベントで食卓を華やかにしてみましょう。彩りのいいカラフルな野菜を使ってみたり、野菜をていねいに細かく切ってみたり。ひとり分ずつお皿に盛りつけて、テーブルをセットするうちに気持ちが盛り上がってきます。

ご紹介するレシピ、クリスマスチキンはシンプルなチキンソテーですが、これにサラダやスープをプラスするだけで立派なコース料理になります。料理と同時進行で器選びも楽しんで、クリスマス気分をおおいに満喫してください。

日本の暦には一年を通して行事があり、そのつど食事を楽しむ習わしがありますから、お祝いごとなどにはその日の特別料理を作ると普段の献立にメリハリがつきます。行事食は手がかかる分、家族が喜んでくれますから、また頑張って作ろうとも思います。私にとって季節の行事食は、励まされる料理でもあるんです。

クリスマスチキン

材料（2人分）

鶏もも肉　２枚（１枚約200g）

にんにく　１片

カラーピーマン（粗みじん切り）

　２～３個

ワインビネガー　小さじ２

塩・粗びき黒こしょう　各適量

オリーブオイル　大さじ１

★ カラーピーマンは赤、橙、黄、緑など、お好みの色を。パプリカでも可。

★ ワインビネガーは酢で代用可。

作り方

1　鶏肉はペーパータオルでよく水けをふき取る。余分な脂や筋を除き、鶏肉の重量に対して１％の分量の塩をふり、よくなじませる。

2　フライパンを熱し、オイルをひかずに①を皮面から入れて焼く。余分な脂が出てきたら、そのつどペーパータオルで吸い取る。しっかり焼き色がつき、皮がパリッとしたら返し、裏面も焼いて器に取り出す。

3　同じフライパンにオリーブオイルと包丁の腹でつぶしたにんにくを入れ、火にかける。香りが立ってきたら、カラーピーマンを加えて炒め、塩ふたつまみとワインビネガーで味をととのえる。

4　③のにんにくを取り除いて②にかけ、こしょうをひく。

【ひとてま】

鶏肉は下処理をすると味がぐんとよくなります。パックから出してそのままフライパンにのせないこと。水けをしっかりふき取ると、くさみが取れます。また、フライパンで焼いている間に出てくる脂は、こまめにペーパータオルで吸うことで、皮がカリッ、パリッと焼けます。

【お悩み】

私は地元を離れたことがないので、お正月はずっとおすましのお雑煮です。

関西風や関東風など、いろんな土地のお雑煮を作ってみたいのですが、「ここのお雑煮はおいしかった！」という先生のおすすめや、先生の故郷のお雑煮を教えてください。

（宮崎県・女性）

日本各地のお雑煮で、飛田さんのおすすめはありますか？

わが家のお雑煮に決まりはなし。好きな組み合わせを自由に楽しんで。

東京に長く暮らしていたので、母が作るお雑煮は関東風で、祖母が火鉢で焼いたぷくっとふくれた角餅をお椀に入れて、熱々の汁を注いだもの。汁は大根やにんじん、ほうれん草などが入ったすまし仕立てでした。

両親が住まいを長野に移してからも実家のお雑煮は変わりませんでしたが、長野の友人宅でいただいたお雑煮に塩ブリが入っていたことで初めて、お雑煮は地域によって違うものだと知りました。私はお餅が大好物なものですから、関西の白みそのお雑煮、九州・鹿児島の焼きエビのおだしで作るお雑煮、四国・香川の甘い小豆の入った餅入りのお雑煮など、いろいろといただいてきました。どれもその土地の味としておいしく、自宅でも再現しています。

そんなわけでわが家のお雑煮には決まりがなく、そのときの気分でおだしや具材を決めて作ります。お正月には毎日お雑煮を食べたいから、おだしを何種類も作りおきしているほど。お餅も焼いたり、揚げたり、汁でとろりと煮たり、とこちらも決まりはなし。

そんなお雑煮のなかから、お正月に限らずよく作っているレシピをご紹介します。鶏だしで作る中華風のお雑煮。ていねいにとったスープがあれば、それだけで「おいしい」といってもらえるはずです。

中華風お雑煮

材料（2人分）
鶏手羽先　8本
水　7と½カップ
生きくらげ（大）　1枚
長ネギ　½本
塩・ナンプラー　各適量
餅　2個
香菜　適宜

作り方

1 鶏肉はペーパータオルで水けをふき取る。大きめの鍋に鶏肉と分量の水を入れ、火にかける。煮立ったらアクをていねいにひき、弱火にして20分ほど煮出す。

2 きくらげは細切り、長ネギは斜め薄切りにする。

3 小鍋に①のスープ2カップ分と鶏肉を2本移し、温める。②を加えてさっと煮て、塩とナンプラーで味をととのえる。

4 餅はトースターなどで両面焼く。③の小鍋に加え、軽く煮て味をなじませてから椀に盛る。好みで刻んだ香菜を添える。

★ スープは作りやすい分量です。鶏手羽先8本に対して水は7と½カップが目安です。

★ ナンプラーは薄口しょうゆで代用可。

【ひとてま】
鶏手羽先でスープを煮出すときには、ていねいにアクをひくこと。そうするとクリアなスープに仕上がります。ナンプラーなどの魚醤で味をつけるとぐっと中華風になりますが、ない場合は食べ慣れたしょうゆ味にし、ごま油をほんの少し合わせます。スープを煮出した鶏手羽先はお雑煮の具としてだけでなく、身をほぐしてサラダや和えものにも活用してください。

【お悩み】

年末年始は、おうち時間を楽しみながら夫とふたりでゆっくり過ごす予定です。

「家でお酒を飲むのもいいな」と思ってもらえるような、おつまみのレシピを教えてください。

（富山県・女性）

年末年始、家飲み用おつまみレシピが知りたいです。

切って和えるだけ、あぶるだけの簡単なおつまみで晩酌を楽しく。

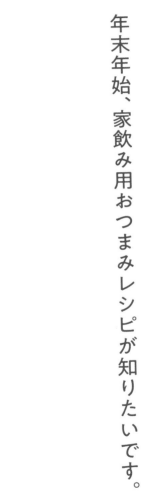

年末年始に家でゆっくりとお酒を楽しむ時間、いいですね。わが家は夫と私のお酒の好みが違うので、あえてお酒に合わせず、食べたいものを作ることにしています。そうするとある材料で作るからか、パッとひらめくものがあったり、娘のごはんのおかずになったりもします。ときには思いもよらぬ方向へと展開しますが、酒のつまみから料理の幅が広がったりして、あれこれ楽しんできました。

そんな日々から生まれた晩酌レシピをご紹介します。ひとつは、マグロを切ってアボカドと和えるだけのスピードおつまみ。もうひとつは酒粕をあぶってのりで巻いてわさびじょうゆで食べるだけの、簡単だけれど、じっくり時間をかけて焼くことでおいしくするおつまみ。

和えものに使うアボカドは、かたすぎてもやわらかすぎてもいけない。この見極めだけが難しいところですが、何個か買ってみて、かためなら追熟させ、やわらかければ果肉をつぶして和え衣にするなど、臨機応変に使ってみてください。合わせるマグロは赤身でも脂ののったトロでも。しょうゆ漬けにしてから和えてもおいしいですし、オリーブオイルをからめればワインに、レモンを多めに搾ればビールにも合います。

酒粕は、毎年新酒をしぼった後のでき立てのものを買って、ラップでひと口大に包んで冷凍しています。そうすると、粕汁や鍋ものなどにすぐに使えて便利なんですよ。

酒粕のあぶり焼き

材料（作りやすい分量）

酒粕　適量

焼きのり・おろしわさび
　各適量

しょうゆ　適量

作り方

1　酒粕はふた口くらいで食べられる大きさに切り、常温においてやわらかくしておく。

2　フライパンに油をひかずに①を入れ、両面に焼き色がつくまで焼く。

3　②に焼きのりを巻き、しょうゆとおろしわさびで食べる。

マグロとアボカドの和えもの

材料（2〜3人分）

マグロ（刺身用さく）　約150g

アボカド　1個

しょうゆ　大さじ1

レモン汁・おろしわさび　各適量

塩　適量

作り方

1　マグロはひと口大に切り、しょうゆと和える。アボカドも同じくらいの大きさに切り、別の器でレモン汁、塩と和える。

2　マグロとアボカドを合わせて軽く和え、おろしわさびを添える。

★　アボカドは色が変わりやすいので、食べる直前に切って和えること。

★　マグロは切ってある刺身を使っても。

【ひとてま】

酒粕のあぶり焼きは、じっくりと時間をかけて焼くこと。コロコロと転がさずに、一面ずつ焼き色がつくまでじっと待ちましょう。撮影時はフライパンで焼きましたが、グリルや網焼きなど、お手もちの道具で焼いてみてください。香ばしい香りとともに、とろんとやわらかな酒粕が、口の中に溶けていきます。

【お悩み】

もうすぐ桃の節句。

「巻きずし」のレシピは、娘といっしょに作って思い出にもなり、夫からもとても好評でした。

また、みんなでお祝いをする予定ですので、ひな祭りにぴったりなメニューを教えてください。

（群馬県・女性）

ひな祭りにおすすめのメニューを教えてください！

桃の節句には手間暇かけた彩り鮮やかな混ぜずしを。

幼い頃のひな祭りの日は、母が朝からしいたけやかんぴょうなどを甘辛く煮たり、酢れんこんを作ったりして、台所はしょうゆと甘酸っぱいにおいに包まれていました。夕飯どきには大きな飯台いっぱいにおすしが詰まって、ひな人形を前に食卓がセットされます。わが家では各自お皿によそってからもみのりをかけ、イクラをトッピングすることもありました。ほかには、はまぐりのお吸いものと、和えものが添えられていたように記憶しています。

「この行事にはこれを食べる」という幼い頃からの習慣はいつしか体に染みつき、母の味も忘れることなく、大人になりました。そんなわけで自分の台所をもったときから、桃の節句には自然と母の混ぜずしを作るようになり、今もそれは続いています。基本的な具材は覚えている味のものですが、作り続けるうちに菜の花のおひたしをのせるなど、あしらいは好みのものをトッピングするようになりました。

この混ぜずしは家族が集まってのお祝いにもおすすめです。具がたくさん入っているので、見た目が美しくボリュームもありますから、ひと皿でごちそうになります。前もって準備ができるのもいいところ。翌日、蒸して食べるのも楽しみなので、たっぷりと作ります。

春の混ぜずし

材料（5〜6人分）
干ししいたけ　4枚
A
｜しょうゆ・砂糖　各大さじ2
れんこん　1節（約100g）
B
｜砂糖・酢　各⅓カップ
菜の花　1束
C
｜だし　1カップ
｜塩　小さじ½
｜薄口しょうゆ　小さじ2
D
｜にんじん　1本
｜ちりめんじゃこ　40g
｜白いりごま　大さじ3
絹さや　10枚
酢飯　3合分
錦糸卵　適量

作り方

1 干ししいたけは水にひと晩つけてもどす（もどし汁はとっておく）。薄切りにして小鍋に入れ、Aともどし汁をひたひたに加えて火にかけ、煮汁がほぼなくなるまで煮る。

2 れんこんは半量ずつ輪切りと、いちょう切りにし、水に5分ほどさらす。水けをきって鍋に入れ、Bを加えて火にかけ、汁けがほぼなくなるまでいりつける。

3 菜の花は熱湯でゆでてひと口大に切り、Cに30分ほど浸す。Dのにんじんは細切り、絹さやは筋をとり、それぞれ塩適量（分量外）を加えた熱湯でゆでる。絹さやは冷水にとって色どめし、斜めせん切りにする。

4 ①、②のいちょう切りにしたれんこん、Dを酢飯に加えて混ぜ、器に盛りつける。②の輪切りれんこん、③の絹さや、汁けをしぼった菜の花、錦糸卵をあしらう。

★ 酢飯は炊き立てのご飯3合に対して、酢¼カップ、塩小さじ1、砂糖大さじ3を合わせます。

【ひとこと】
一度に全部作ろうとはりきらず、前日から具材を切ったりゆでたりしておけば、当日はご飯を炊いて酢飯を作り、具材を混ぜるだけで済みます。
特に来客の際には、料理だけでなく、掃除や食卓の準備にも時間がかかりますから、料理は余裕をもって準備をしておきましょう。

飛田　和緒
料理家。東京都生まれ。夫、娘の3人家族。神奈川県在住。高校3年間を長野で過ごし、両親は今も長野県在住。手軽に作れる普段のおかず、作りおきのおかず、保存食など、いつもの生活を豊かにするレシピが人気。雑誌やテレビなどで活躍中。
Instagram@hida_kazuo

本書は『喜びのタネまき新聞』（ダスキン刊）に掲載された内容を加筆、再構成し、新たな内容を加えたものです。

台所《だいどころ》の相談室《そうだんしつ》

2024年2月28日　初版発行

著者／飛田《ひだ》　和緒《かずを》
発行者／山下　直久
発行／株式会社 KADOKAWA
〒102-8177　東京都千代田区富士見2-13-3
電話0570-002-301（ナビダイヤル）
印刷所／TOPPAN株式会社
製本所／TOPPAN株式会社

ISBN 978-4-04-897691-6　C0077